ニューノーマル版！

小学生の

動きがよくなる 体幹

ハイパートレーニング

親は子どもの
パーソナルトレー

プロのパーソナルトレーナーがセレクトした
今日から使える100種目！
親子で一緒に姿勢改善、運動不足解消を！

ナーだ!

はじめに

Prologue

　2013年に初版が刊行された拙著『姿勢がよくなる！　小学生の体幹トレーニング』（ベースボール・マガジン社刊）がおかげさまで好評を博し、このたびその第2弾を執筆する運びになりました。今回のテーマは「親は子どものパーソナルトレーナーだ！」。親御さんが指導者となり、お子さんと一緒にトレーニングに接していただくことを目的としています。

　このような書籍が受け入れられる背景には、子どもの体力・筋力が低下しているという現状が存在します。屋外で遊べる公園などは減少し、ゲームなど体を使わない遊びが普及したことがその大きな要因だと考えられます。

　背中を丸めた状態でゲームなどを長時間していると、腹筋や大胸筋など体の前側にある筋肉が硬くなり、猫背を誘発します。これは大人のパソコン作業、スマホの操作なども同様です。

　しかし、進んだ時代をもとに戻すことはできません。今の時代、子どもたちがゲームで遊ぶのは仕方のないことです。大人だってスマホに依存しています。帰ってこない昔を懐かしむより、時代は時代として素直に受け止めて、そうした状況下でいかにして生きていくかを考えたほうが生産的です。

ゲームのやりすぎなどで崩れた姿勢をそのままほったらかしにしておくと、大人になったときに比較的早い段階で腰痛や肩こり、ヒザ痛などを引き起こしやすくなります。

　また、運動不足によって体の柔軟性も損なわれ、それを放置することで運動に関わる関節や筋肉が固まっていき、一気にロコモティブシンドロームが進行してしまうといった事態にもなりかねません。

　今という時代をより健康的に生きるために、何をやるべきか。崩れかけた姿勢や硬くなりかけた筋肉をリセットすることで、その後の生活は変わってくるはずです。本書がその手助けになれば幸いです。

SAWAKI GYM 代表

澤木一貴

CONTENTS

はじめに ……………………………………………………………………… 004

第**1**章 **体幹と呼吸<体幹基礎理論>**

鼻呼吸ができない子どもたち ……………………………………………… 012
「呼吸」なくして「全集中」なし／呼吸するだけで体幹トレーニングになる

体幹、関節の動きと各筋肉の名称 ………………………………………… 016
首の動き／体幹（脊柱）の動き／肩関節の動き／股関節の動き／肘関節の動き／
膝関節の動き／手首の動き／足首の動き／主な筋肉とその名称

第**2**章 **お子さんへの指導法<親は子どものパーソナルトレーナーだ！>**

まずは「楽しく行う」ことを第一優先に ………………………………… 024
「運動」も立派なコミュニケーションツール／指導のポイントはかいつまんで説明する／
親の「右」は子どもの「左」、鏡になって指導する／一方からではなく立体的な見せ方を

できなくて当たり前。最初から完璧なものを求めない ………………… 027
8割ができていたら2割は見逃す／とにかく褒める肯定的ストロークを／
動画を活用して一緒に運動を楽しむ

Column　パワーポジションをマスターしよう ………………………… 031
本書の使用方法 ……………………………………………………………… 032

第**3**章 **プリハブ<6種目>**

足裏マッサージ／足指ひっぱり …………………………………………… 035
足指ストレッチ ……………………………………………………………… 036
足ひねり／足と手の握手 …………………………………………………… 037
タオルギャザー ……………………………………………………………… 038

第 **4** 章 体幹呼吸エクササイズ<10種目>

鼻呼吸 ……………………………………………………………… 040

横倒し鼻呼吸／ゴキブリ …………………………………………… 041

スーパインピラー …………………………………………………… 042

ヒザ立ち横倒し／片ヒザ立ち横倒し ……………………………… 043

ヒザ立ちひねり ……………………………………………………… 044

片ヒザ立ちひねり／正座ひねり …………………………………… 045

カカト座りひねり …………………………………………………… 046

第 **5** 章 ダイナミックストレッチ<10種目>

足首回し ……………………………………………………………… 048

脚振り(前後)／脚振り(左右) …………………………………… 049

股関節回し …………………………………………………………… 050

ステップT …………………………………………………………… 051

ステップY …………………………………………………………… 052

ステップW …………………………………………………………… 053

ステップC …………………………………………………………… 054

クロスステップ横倒し ……………………………………………… 055

ひねりストレッチ(ベースボールストレッチ) ………………… 056

第 ⑥ 章　体幹筋力トレーニング＜40種目＞

クッションエルボーニー ……………………………………………… 058

クッションパワーポジションツイスト ……………………………… 059

クッションツイストランジ …………………………………………… 060

ペットボトルウィンドミル …………………………………………… 061

スタンディングタオルY ……………………………………………… 062

パワーポジションタオルY …………………………………………… 063

ハーフニーリングタオルY …………………………………………… 064

ラテラルランジ ………………………………………………………… 065

ストレートレッグレイズ ……………………………………………… 066

クッションレッグカール ……………………………………………… 067

スタンディングカーフレイズ／スタンディングトゥーレイズ …… 068

ベントニーカーフレイズ ……………………………………………… 069

バーティカルレッグリフト／ホライゾナルレッグリフト ………… 070

スタンディングヒップアブダクション／スーパインヒップアダクション … 071

シコ ……………………………………………………………………… 072

クランチ ………………………………………………………………… 073

ツイストクランチ ……………………………………………………… 074

ニートゥチェスト ……………………………………………………… 075

アブシザーズ …………………………………………………………… 076

V字腹筋 ………………………………………………………………… 077

サイドベンド／サイドベンドニーアップ ………………………… 078

オブリークロール ……………………………………………………… 079

クッションロシアンツイスト ………………………………………… 080

ペットボトルまたぎ前後 ……………………………………………… 081

ペットボトルまたぎ左右 ……………………………………………… 082

ペットボトル5ステップ ……………………………………………… 083

だるまクランチ ………………………………………………………… 084

マウンテンクライマー ………………………………………………… 085

クッショントリプルエクステンション ……………………………… 086

体幹チェストパス ……………………………………………………… 087

体幹バックスロー ……………………………………………………… 088

ツイストキャッチボール ……………………………………………… 089

サイドステップタッチ ………………………………………………… 090

サイドカット …………………………………………………………… 091

90°ターン ……………………………………………………………… 092

第 **7** 章 **親子ペアトレーニング**<10種目>

ハーフニーリングトランクローテーション ⋯⋯⋯⋯ 095

ドンキーキック ⋯⋯⋯⋯⋯⋯⋯⋯⋯⋯⋯⋯⋯⋯⋯ 096

シェイクハンドスクワット ⋯⋯⋯⋯⋯⋯⋯⋯⋯⋯ 097

タオルロウ ⋯⋯⋯⋯⋯⋯⋯⋯⋯⋯⋯⋯⋯⋯⋯⋯ 098

シットアップキャッチボール ⋯⋯⋯⋯⋯⋯⋯⋯⋯ 099

ダブルプッシュアップ ⋯⋯⋯⋯⋯⋯⋯⋯⋯⋯⋯⋯ 100

ハンドカート ⋯⋯⋯⋯⋯⋯⋯⋯⋯⋯⋯⋯⋯⋯⋯ 101

リバースハンドカート ⋯⋯⋯⋯⋯⋯⋯⋯⋯⋯⋯⋯ 102

エクストリームクランチ ⋯⋯⋯⋯⋯⋯⋯⋯⋯⋯⋯ 103

レッグドロップ／レッグロウ ⋯⋯⋯⋯⋯⋯⋯⋯⋯ 104

第 **8** 章 **反応エクササイズ**<9種目>

後出しジャンケン1 ⋯⋯⋯⋯⋯⋯⋯⋯⋯⋯⋯⋯ 106

後出しジャンケン2／パワーポジションミラー ⋯⋯ 107

パワーポジションリアクション1 ⋯⋯⋯⋯⋯⋯⋯ 108

パワーポジションリアクション2 ⋯⋯⋯⋯⋯⋯⋯ 109

ハーキーリアクション（左右）⋯⋯⋯⋯⋯⋯⋯⋯ 110

ハーキーリアクション（上下）⋯⋯⋯⋯⋯⋯⋯⋯ 111

パワーポジションクロックリーチ（右）／パワーポジションクロックリーチ（左）112

第 **9** 章 **スタティックストレッチ**<15種目>

下向き犬のポーズ ⋯⋯⋯⋯⋯⋯⋯⋯⋯⋯⋯⋯⋯ 114

サソリのポーズ ⋯⋯⋯⋯⋯⋯⋯⋯⋯⋯⋯⋯⋯⋯ 115

三角のポーズ／猫のポーズ ⋯⋯⋯⋯⋯⋯⋯⋯⋯ 116

猫のねじりのポーズ／牛の顔のポーズ ⋯⋯⋯⋯ 117

ラクダのポーズ／ひよこのポーズ ⋯⋯⋯⋯⋯⋯ 118

こうもりのポーズ／三日月のポーズ ⋯⋯⋯⋯⋯ 119

壮美のポーズ ⋯⋯⋯⋯⋯⋯⋯⋯⋯⋯⋯⋯⋯⋯⋯ 120

コブラ ⋯⋯⋯⋯⋯⋯⋯⋯⋯⋯⋯⋯⋯⋯⋯⋯⋯⋯ 121

タオル・ハムストリング（中央）⋯⋯⋯⋯⋯⋯⋯ 122

タオル・ハムストリング（外側）／タオル・ハムストリング（内側）⋯ 123

おわりに ⋯⋯⋯⋯⋯⋯⋯⋯⋯⋯⋯⋯⋯⋯⋯⋯⋯ 124

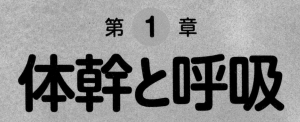

第 1 章

体幹と呼吸

体幹基礎理論

トレーニングに入る前に、まずは基礎的なポイントを押さえておきましょう。
「体幹と呼吸」「姿勢と呼吸」、これらの関係性を理解しておくだけで、
運動効率も大きく違ってくるはずです。

鼻呼吸ができない子どもたち

「呼吸」なくして「全集中」なし

　本書では「呼吸」に着目したエクササイズを多く取り上げており、第4章では準備体操に入る前段階として、動きに呼吸を関連づけた種目を紹介しています。

　人は毎日、当たり前のように鼻だけでなく口でも呼吸をしていますが、そもそも動物で口呼吸ができるのは人間だけだそうです。一説によると、これは人間が「しゃべる」という能力を獲得したことに起因しているといわれています。人間に近いとされるチンパンジーも、口では呼吸ができません。

　つまり、肺を持つ動物にとっての本来の呼吸は、口ではなく「鼻呼吸」になります。ところが近年、鼻で呼吸がスムーズにできない子どもが増えているとか。動物が本来有している機能を使えなくなっている子どもが多くなっているのです。

　鼻には鼻毛があり、フィルターの役割をしていますが、口にはその機能がありません。口だけで呼吸をしていると、細菌感染などのリスクが高まる可能性

©GettyImages

口で呼吸できる動物は人間だけであり、例えば水泳の息継ぎなどは人間特有の動作といえる

もあります。当然、換気量も減ります。

また、詳しくは後述しますが、「正しい呼吸」と「正しい姿勢」は使われている筋肉がほぼ同一です。鼻で行う本来の「正しい呼吸」ができないのは姿勢の悪化にもつながり、姿勢の悪化は運動量の低下を導きます。「たかが呼吸」と思われるかもしれませんが、呼吸の乱れは体に様々な弊害をもたらします。

アメリカに「EXOS」という有名なトレーニングセンターがあります。そこは世界の有名プロスポーツ選手やトレーナーが集うトレーニングの名門中の名門で、私も視察に伺ったことがあるのですが、選手がトレーニングに訪れた際には最初に心理テストと呼吸のトレーニングを行うそうです。体の柔軟性や筋力テストなどよりも先に「呼吸」がくるのです。人間にとって「呼吸」は生きていく上での基本的な行為で、スポーツパフォーマンスにも密接なかかわりを持っているのです。

生命活動の維持以外にも、呼吸で得られる効果は多岐に渡ります。まずは精神面。40ページに掲載されている「鼻呼吸」を試してみてください。正しい呼吸は気持ちを落ち着かせ、心身をリラックスに導いてくれるものです。例えば、子ども同士、兄弟同士でケンカしそうになったときに、一度、鼻呼吸をやってみましょう。無益な争いを回避できるかもしれません。「呼吸を合わせる」という言葉があるように、呼吸は人とコミュニケーションを取る上で重要な要素でもあります。

また、イライラ、カリカリしっぱなしでは落ち着きもなくなり、物事に集中することも困難になります。呼吸がしっかりできるようになると、集中力も向上します。まさに「正しい呼吸」なくして「全集中」なし、といってもいいでしょう。

呼吸するだけで体幹トレーニングになる

生まれたばかりの赤ん坊は、それが正しい呼吸か、なんてことは意識していません。ただ、赤ちゃんの呼吸を観察していると、息を吸うときには体が風船のように大きく膨らんでいることがわかります。つまり、無意識のうちに、体幹を使った正しい呼吸ができているのです。

これが大人になるにつれて、肩を上げ下げして呼吸したり、ひいては呼吸が

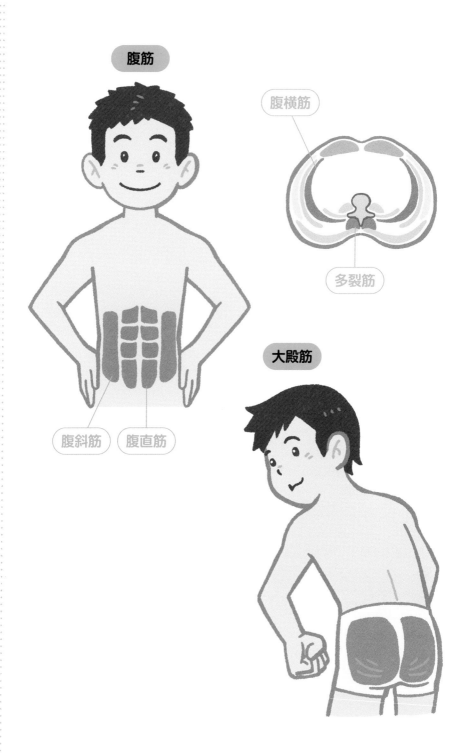

腹筋

腹横筋

多裂筋

腹斜筋　腹直筋

大殿筋

浅くなったりしてしまいます。正しい呼吸の仕方をしだいに忘れてしまうのです。

　先ほども述べた通り、「正しい呼吸」と「正しい姿勢」は、それを司る筋肉がほぼ同じです。ここでもう一度、鼻呼吸をやってみましょう。両胸の下のあたりに手を添えて息を吸うと、肋骨が広がっていくのがわかると思います。

　次に、口からゆっくり吐いてみましょう。どうでしょう？　今度は肋骨がきゅっと締まっていったはずです。

　この「肋骨が締まった状態」をつくることで、お腹の筋肉に力を入れやすくなります。スポーツの現場などで使われる「腹圧が高まった」状態です。

　お腹の筋肉には前面にある「腹直筋」、その横に位置する「腹斜筋群（内腹斜筋・外腹斜筋）」、その２つの筋肉の奥にある「腹横筋」があります。いわゆる「腹筋を割る」など一般的に腹筋と呼ばれている部分が腹直筋、脇腹が腹斜筋群、コルセットのように内側からお腹を支えているのが腹横筋になります。

　人間のあらゆる動作、歩いたり、走ったり、あるいはモノを投げたり、何かを持ち上げたりするときに、最初に力が入る筋肉が、この腹横筋です。つまり腹横筋はスムーズな動作を行うためのキモとなっている筋肉なのですが、腹横筋は上は横隔膜、後ろは多裂筋、下は骨盤底筋群とつながっています。

　この腹横筋、横隔膜、多裂筋、骨盤底筋群で形成されたボールのようなものがお腹にはあり、この中の圧力（腹圧）が上がると背骨が安定して、姿勢がよくなります。いわば、体幹の要となる部分です。

　また、腹横筋に入った力と足の裏から伝わる地面の力を受け止め、手や足に伝達する役割を担っているのがお尻の筋肉である「大殿筋」です。腹横筋に力が入っていても、大殿筋が機能していなければ、それを効率よく使うことはできません。

　その、姿勢維持やスムーズな動作と大きなかかわりがある腹横筋、大殿筋を機能させるポイントとなるのが「肋骨を締める」ことです。息をフーっと吐いて肋骨が締まると、それだけで腹圧を高めやすい状態をつくれます。逆に、肋骨が開いたままだと、お腹のなかのボールが緩んだままになり、力が入らず、姿勢も安定しません。背中が反って腰痛を引き起こす原因にもなります。

　人間は、大人の場合で１分間で 10 回から 20 回、平均すると１日で２万回呼吸しているといわれます。息を「吸う」は自ら働きかける能動的な行為で、「吐

く」のは無意識下の受動的な行為です。その無意識下の活動を意識的に行うことによって、肋骨が締まり、腹横筋も鍛えられ、姿勢が整っていきます。

　1日2万回のうちの3、4回を意識するだけで、その他の呼吸の質も改善されるといわれています。息を吸って肋骨を広げ、吐きながら肋骨を締めるだけで体幹トレーニングになるのです。

体幹、関節の動きと 各筋肉の名称

　本書でも頻繁に登場する「体幹」という言葉。ここでは手と足を除いた胴体の部分と考えてください。両肩の関節、股関節も「体幹」には含まれています。

　その体幹はどのようにして動くのか。また、体幹につながっている関節はどのように曲がって、どのように伸びるのか。これは、トレーナーが最初に学ぶ「トレーニングのイロハのイ」でもあります。

　次に、体幹と各関節の動きを紹介していきます。本書では親御さんがお子さんを指導しながら、ともにトレーニングに接することを推奨しています。受験勉強のように完璧に暗記する必要はありません。「伸展」「屈曲」などの専門用語も、覚えなくて大丈夫です。それぞれの動きをざっくりと把握しておくだけでも、トレーニング種目の理解がより深まり、お子さんへの指導にもつながっていきます。特に、肩関節と股関節は動きの自由が高い関節であることもわかると思います。

　また、合わせて全身の主な筋肉とその動きについても紹介します。筋力トレーニングをするにしても、ただ漠然と実施するのと、どの筋肉を鍛えているのか意識しながら行うのとでは効果が違ってきます。関節の動き同様、筋肉の位置と動きも運動を続けていく上で押さえておきたいポイントです。

首の動き

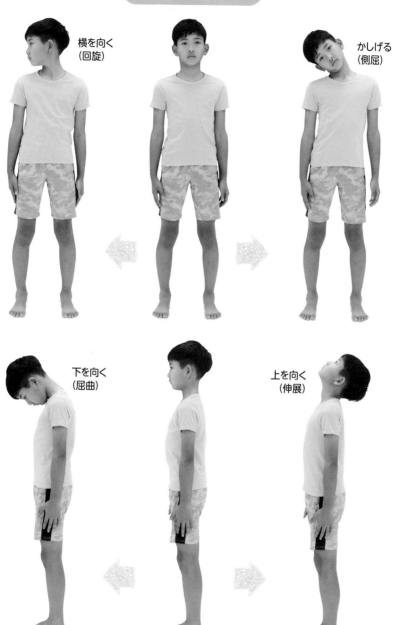

横を向く
（回旋）

かしげる
（側屈）

下を向く
（屈曲）

上を向く
（伸展）

体幹（脊柱）の動き

ひねる
（回旋）

横に倒す（側屈）

かがむ（屈曲）

反る（伸展）

肩関節の動き

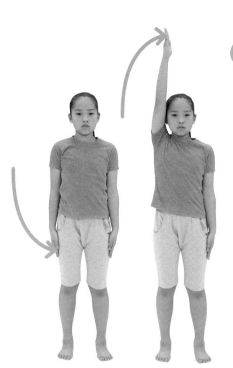

腕を内側に回す
（内旋）

腕を外側に回す
（外旋）

横から腕を下げる
（内転）

横から腕を上げる
（外転）

水平方向に腕を後ろへ
（水平伸展）

前から腕を上げる
（屈曲）

水平方向に腕を前へ
（水平屈曲）

後ろに腕を引く
（伸展）

股関節の動き

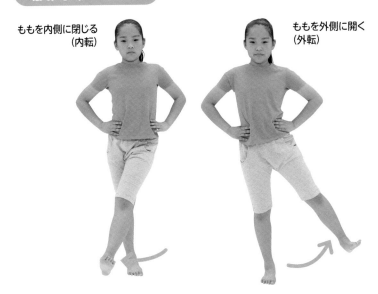

ももを内側に閉じる
（内転）

ももを外側に開く
（外転）

つま先を内側に向ける（内旋）

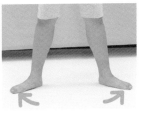

つま先を外側に向ける（外旋）

ももを前に上げる
（屈曲）

ももを後ろに引く
（伸展）

肘関節の動き　膝関節の動き

ヒジを伸ばす(伸展)　ヒジを曲げる(屈曲)　　ヒザを伸ばす(伸展)　ヒザを曲げる(屈曲)

手首の動き　足首の動き

手首を倒す(伸展)

つま先を伸ばす・カカトを上げる(底屈)

手首を曲げる(屈曲)

つま先を上げる・カカトを下げる(背屈)

主な筋肉とその名称

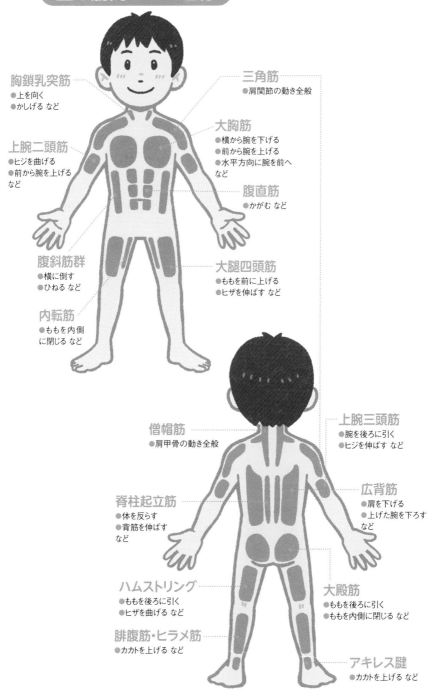

胸鎖乳突筋
- 上を向く
- かしげる など

三角筋
- 肩関節の動き全般

大胸筋
- 横から腕を下げる
- 前から腕を上げる
- 水平方向に腕を前へ
など

上腕二頭筋
- ヒジを曲げる
- 前から腕を上げる
など

腹直筋
- かがむ など

腹斜筋群
- 横に倒す
- ひねる など

大腿四頭筋
- ももを前に上げる
- ヒザを伸ばす など

内転筋
- ももを内側に閉じる など

僧帽筋
- 肩甲骨の動き全般

上腕三頭筋
- 腕を後ろに引く
- ヒジを伸ばす など

脊柱起立筋
- 体を反らす
- 背筋を伸ばす
など

広背筋
- 肩を下げる
- 上げた腕を下ろす
など

ハムストリング
- ももを後ろに引く
- ヒザを曲げる など

大殿筋
- ももを後ろに引く
- ももを内側に閉じる など

腓腹筋・ヒラメ筋
- カカトを上げる など

アキレス腱
- カカトを上げる など

第 **2** 章

お子さんへの 指導法

親は子どものパーソナルトレーナーだ！

ここではプロのパーソナルトレーナー直伝の指導法を親御さんにレクチャーします。
指導は最終的には意識的に行っていることを無意識下でもできるように、
また実践しているスポーツや普段の姿勢に転換することを目的としますが、
まずは親子で一緒にトレーニングを楽しみましょう。

まずは「楽しく行う」ことを第一優先に

「運動」も立派なコミュニケーションツール

「親は子どものパーソナルトレーナーだ！」。これが本書の主軸となるテーマです。主役はあくまでお子さんですが、お父さん・お母さんにも指導者となってもらい、レクチャーしながら親子で運動に親しんでもらうことを目的としています。「トレーニング」という言葉を聞くと「キツい」「つらい」などのイメージを持たれる方もいるかもしれませんが、公園などの遊び場が少なくなった昨今、親子で、しかも自宅でできるトレーニングは優れたコミュニケーションツールにもなります。

さて、トレーナーとしてお子さんを引っぱっていくには、その指導のポイントは押さえておかなくてはいけません。ここでは、プロのパーソナルトレーナー直伝の指導法を解説していきます。

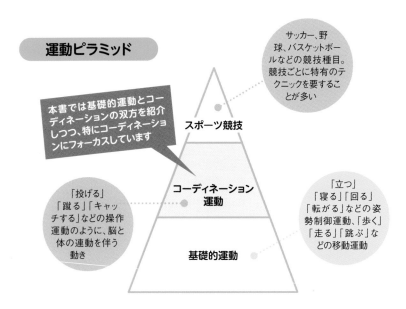

運動ピラミッド

サッカー、野球、バスケットボールなどの競技種目。競技ごとに特有のテクニックを要することが多い

本書では基礎的運動とコーディネーションの双方を紹介しつつ、特にコーディネーションにフォーカスしています

スポーツ競技

コーディネーション運動

「投げる」「蹴る」「キャッチする」などの操作運動のように、脳と体の連動を伴う動き

「立つ」「寝る」「回る」「転がる」などの姿勢制御運動、「歩く」「走る」「跳ぶ」などの移動運動

基礎的運動

　まず、一般的によく使われる「運動」という言葉。これは大きく３つの段階に分けることができます。子どもの育成にとって重要な運動の考え方に「運動ピラミッド」というものがあります。その一番下の段に位置するのが「基礎的運動」です。これは「立つ」「寝る」「回る」「転がる」などの姿勢制御運動、「歩く」「走る」「跳ぶ」などの移動運動が含まれます。

　前作「姿勢がよくなる　小学生の体幹トレーニング」では、この基礎的運動にフォーカスしたトレーニングを主に紹介しました。土台となっているこの「基礎的運動」が不安定な状態にあると、ピラミッドそのものが崩れてしまいます。

　その次にくるのが「コーディネーション運動」です。「投げる」「蹴る」「キャッチする」などの操作運動のように、脳と体の連動を伴う動作がここに位置します。そして、その上にくるピラミッドの頂点が「スポーツ競技」です。

　本書では２段階目の「コーディネーション運動」に多くのボリュームを割いています。前作を経験済みのお子さんはその次のステップとして、そして今回初めて本書を手に取った方は、基礎中の基礎である「プリハブ」から無理なくコーディネーション運動に進める内容になっています。

指導のポイントはかいつまんで説明する

　私たちパーソナルトレーナーの指導は基本的には「説明→お手本→実施→修正」の４つの段階で構成されています。第１段階となる「説明」は、文字通り

指導の基本的な流れ

説明
↓
お手本
↓
実施
↓
修正

指導における6つのポイント

①ポイントは3つまで

②鏡になって指導
　（右を動かすようにさせる場合は左でお手本を）

③多方向から見せる（立体的にイメージさせる）

④8：2の法則（8割ができていたら2割は見逃す）

⑤とにかく褒める
　（肯定的ストロークによるアプローチ）

⑥自分ができないときは動画を活用
　（お子さんと一緒にがんばりましょう！）

エクササイズを言葉などで説明することですが、ここでのポイントは、あれこれといいすぎないこと。ポイントを3つまでに絞って、かいつまんで伝えることが大切になります。

この本に掲載されている写真や動画を見ながら行ってみて、お子さんの動きに少し違う点があっても、注意する点は1つか2つくらいまでにしましょう。パーフェクトにこなそうとすると、1つの種目を行うのに時間がかかってしまいますし、また注意されたお子さんも嫌になってしまいます。

完璧を求めるがゆえに口うるさく注意して、それでお子さんが運動嫌いになってしまっては本末転倒です。継続して実施するために、まずは「楽しく行う」ことを第一に優先してください。

親の「右」は子どもの「左」、鏡になって指導する

お子さんと向かい合って指導する場合、お子さんにとっての「右」は指導者にとっての「左」になります。右手を上げてもらいたいのに、「右手を上げて」と指示すると、お子さんは左手を上げることになります。

つまり、向き合った状態で動作を説明するときは、自分が鏡になって指導すること。これはフィットネスのインストラクターが普段から実施している指導テクニックのひとつです。

教えている側は左右が逆になるので、最初は頭がこんがらがってしまうかも

はい、左!

指導者は鏡になる!

しれませんが、続けていくうちにしだいに慣れていくはずです。大きな鏡を見ながら、一緒に並んで同じ方向を見て行う場合は、もちろん左右はそのままで大丈夫です。

一方からだけではなく立体的な見せ方を

　これは第2段階の「お手本」を見せる上でのポイントになります。当たり前のことではありますが、子どもよりも大人のほうが高い理解力を有しています。この本に掲載されているエクササイズの写真、解説文から得られる情報をより深く理解でき、実践できるのは大人のほうです。

　そうして得た情報をお子さんに伝えていくのが指導者であるお父さん・お母さんの役目です。そこで大切になってくるのが「多方面」から見せること。まずは大人が、子どもの前で実際にそのエクササイズをやって見せます。その際に、一方向だけではなく「横から見たらこういう動作」「後ろから見たら、こんな感じ」と、立体的な見せ方をしていくのです。

　もちろん、お子さんと向き合った状態で正面から見せる場合は自分が鏡になることも忘れずに。動作の注意点も細かくあれこれいうのではなく、かいつまんで説明しましょう。

できなくて当たり前。
最初から完璧なものを求めない

8割ができていたら2割は見逃す

　「実施」および「修正」における指導ポイントで、先述した「楽しむことが最優先」にもつながる事項になります。お手本を見せたら、いよいよお子さんにその種目を実施してもらいます。そこで大切なのが、8割ができていたら、残りの2割は見逃すこと。最初から完璧なものを求めないようにします。

　ここで紹介している種目は安全性が高いものばかりなので、多少フォームが間違っていたとしても、それでケガをするようなことはありません。8割ほどできていたら、あとは回を重ねながらそこから少しずつ修正していけば問題ありません。

とにかく褒める「肯定的ストローク」を

　これは人と人とのつながりが希薄になった現代ではとても大切なことかもしれません。指導では、とにかくお子さんを褒めることが重要です。

　人との接し方には次のようなパターンがあります。まずは「ストローク」。これはゴルフや水泳などでもよく使われる言葉ですが、直訳すると「撫でる」などの意味になります。心理学では「存在を認める」といったポジティブな働きかけを表します。

　次に「ディスカウント」。これは日常生活でもよく耳にする単語ですね。心理学では人の価値を値引くといったネガティブな意味で用いられ、わかりやすい例ではイジメやパワハラ、SNSでの誹謗中傷は「ディスカウント」に属する行為になります。

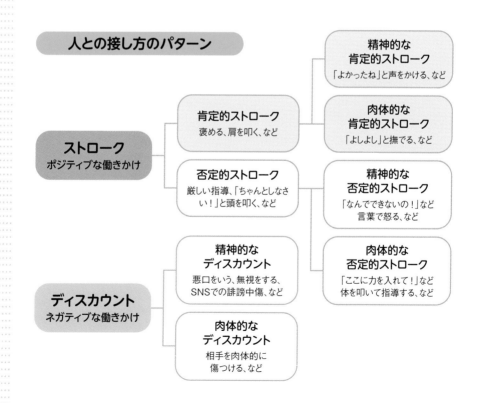

人との接し方のパターン

- **ストローク** ポジティブな働きかけ
  - **肯定的ストローク** 褒める、肩を叩く、など
    - **精神的な肯定的ストローク** 「よかったね」と声をかける、など
    - **肉体的な肯定的ストローク** 「よしよし」と撫でる、など
  - **否定的ストローク** 厳しい指導、「ちゃんとしなさい！」と頭を叩く、など
    - **精神的な否定的ストローク** 「なんでできないの！」など言葉で怒る、など
    - **肉体的な否定的ストローク** 「ここに力を入れて！」など体を叩いて指導する、など
- **ディスカウント** ネガティブな働きかけ
  - **精神的なディスカウント** 悪口をいう、無視をする、SNSでの誹謗中傷、など
  - **肉体的なディスカウント** 相手を肉体的に傷つける、など

そうそう、
その調子！

指導は
肯定的ストロークで

　この「ストローク」には「肯定的」「否定的」の２種類、「ディスカウント」には「精神的」「肉体的」の２種類が存在します。つまり、接し方のパターンには「肯定的ストローク」「否定的ストローク」「精神的ディスカウント」「肉体的ディスカウント」の４つのタイプがあるわけです。さらに細かく分類すると、「肯定的ストローク」「否定的ストローク」もそれぞれ「精神的」「肉体的」に分けることができます。

　とにかく褒める。これはもちろん「肯定的ストローク」によるアプローチです。「よくできました！」「よかったよ！」と声をかけるのは「精神的な肯定的ストローク」、「よしよし」と頭を撫でたり、ポンポンと肩を叩いたりするのは「肉体的な肯定的ストローク」になります。

　一方で、お子さんに完璧を求めるがあまり、必要以上に厳しい指導をしたり、「なんでできないの！」などと叱ったりする行為は「否定的ストローク」にあたります。竹刀を手にした鬼コーチが行う、昭和の根性論をベースにした指導などがこれに該当するかもしれません。

　指導する側にとってはどちらも「ストローク」ではありますが、「子どもにちゃんとしてほしい」「しっかりマスターしてもらいたい」という気持ちが強すぎて「否定的ストローク」に傾きがちになるケースは少なくありません。これはスポーツの現場でも同様です。「否定的ストローク」がいきすぎると、それは相手にとって「ディスカウント」になってしまうかもしれません。

指導はあくまで「肯定的ストローク」で。だからこそ、「8：2」の法則が重要になってくるのです。8割できたらOKとする。この法則を理解しておくと、「否定的ストローク」には陥らないはずです。

子どもがなかなかできないからといって、親がイライラするのは禁物です。絶対にギスギスしないでください。SNSでの誹謗中傷がなんの生産性もないように、「ディスカウント」からは何も生まれてきません。

最初はできなくて当たり前です。本書には100種類ものエクササイズが掲載されているので、できるところから始めていただいても大丈夫です。その種目のかたちをマネしてみる、といった入り方でも構いません。マネをする、というのは人の能力を発達させる上で重要な意味を持っています。見よう見まねで始めていただいても、なんの問題もありません。まずは、運動を楽しみましょう。

動画を活用して一緒に運動を楽しむ

体力や運動神経などに不安があり、指導に自信が持てないという方もいらっしゃるかもしれません。ご安心ください。本書では、動きを伴うエクササイズについては、動画でサポートしています。指導者という立場にこだわらず、動画を見ながらお子さんと一緒にトレーニングを楽しんでください。

体幹トレーニングは大人にも有効です。ここで紹介しているエクササイズの数々は、大人の運動不足解消にも間違いなく役立ちます。子ども、大人、トップアスリート、ダイエットしたい女性などなど、どんな方にも活用していただける内容になっています。

子どもの運動不足、体力低下が叫ばれるようになって久しいですが、それは大人も同様です。親子で一緒に運動することで、子どもには成長時期に応じた適切な発育・発達のサポート、大人は運動不足の解消や姿勢の矯正、見た目の改善などが期待できます。気負わず、遊び感覚で取り組んでみてください。

パワーポジションをマスターしよう

スポーツやトレーニングなどを行う上で重要な姿勢となるのが、このパワーポジション（スクワット姿勢）です。「立つ」「座る」などの人の基本動作における「かがむ」にあたる姿勢です。

これは、次の動作にスピーディーに移行する際、またパワフルな動作を行う際などに必要となる体勢です。人はジャンプする前には必ず一旦かがみます。正しくかがめないと、正しく跳び上がることもできません。

正しいパフォーマンスは、正しい姿勢から。パワーポジションはもっとも力を発揮しやすい姿勢でもあり、この姿勢をマスターしていくことはパフォーマンスのアップのみならず運動中のケガの防止にも役立ちます。

本書で紹介した種目にも、このパワーポジションがベースになっているものは多くあります。実際にトレーニングに入る前に、そのポイントを把握しておきましょう。

ただし、体が硬いと正しいパワーポジションをつくるのに一苦労する場合があります。とくに、股関節周辺の筋肉の柔軟性が不足している人はこの姿勢が取りづらい傾向にあります。そういった方は、まずは113ページから掲載している「スタティックストレッチ」から始めてみてみましょう。

ヒザは内側に入れない

足は腰幅、もしくは肩幅程度に開く

お尻を軽く後ろに突き出す

頭かから腰まで一直線

股関節、ヒザ、足首を曲げて軽く腰を落とす

重心は足裏の真ん中あたり

本書の使用方法

　姿勢、柔軟性、呼吸法、筋力、反応……といった小学生時代に整える・伸ばすべき体力要素。本書では、これらのカテゴリーの能力をまんべんなく向上させる計100種目のエクササイズを紹介しています。感染症の流行や、インターネット社会化により、子どもたちが家の外に出て仲間と触れ合いながら体を動かす機会が減りゆくなかで「親は子どものパーソナルトレーナーだ！」をテーマに、「一般家屋の室内でできる」「運動に関して専門的な知識のない親でも指導できる」「親の指導によって、やり方を覚えれば、子どもだけでもできる」「道具を使わない、あるいはクッションやペットボトルなど手軽に入手できる道具のみを使ってできる」……そんなトレーニング法を厳選してみました。

　進め方としては、1日に1テーマずつトレーニングしてもよいですし、「今日は30分だけ」など時間で区切ってもよいでしょう。大切なのは、楽しく「つづける」ことです。

　なので、決して無理はしないように。正しい動作で行えていないのに、やみくもに実施するのも避けましょう。あくまで、正しい姿勢で正しい動作で行うこと。記載されている回数なども、あくまで目安です。正しい姿勢を崩さずできる回数から始めるようにしてください。

　なお、今回紹介する100種目のエクササイズにおいて、前作『姿勢がよくなる　小学生の体幹トレーニング』で紹介している100種目のエクササイズと"被っている"メニューは1つもありません。

解説
各種目の目的、方法、実施上のポイントなどを記載しています。「『1、2』のテンポで」など、動作のリズムも記しています。お子さんに説明できるよう、まずは親御さんが目を通し、そのポイントを把握してください

QRコード
動きを伴う種目は動画でも解説しています。QRコードをスマホなどに読み込み、動画を見ながらお子さんと一緒にトレーニングを楽しんでください。動画は、すべて、本書のためにあらたに撮影・編集したものです。本書3～8章で紹介している各エクササイズの内容を動画でご覧いただくことが可能です。映像は編集により音声をカットしたうえでアップロードしています（一部、音声を残した方がエクササイズの内容が分かりやすいメニューに関しては、音声を収録しています）。また、第9章のスタティックストレッチは、静止して行うものなので動画を添付していません。

回数・実施時間
小学生でも可能なレベルに設定しています。これらはあくまで目安です。数字にこだわる必要はありません。無理をすると正しい姿勢が崩れ、効果が薄れてしまう可能性もあります

第 **3** 章

プリハブ

6種目

まずは"準備体操に入るための準備体操"から。
立ったときの理想的なポジションをつくるために、足裏の感覚を改善していきましょう

体幹トレーニングを行うための
足のチューニング

プリハブとは「プレハビリテーション（pre-habilitation）」の略で、運動前に行うケガ予防のためのプログラムです。簡単にいえば「準備体操に入るための準備体操」みたいなもので、運動やスポーツの前に動きが悪い箇所や、安定性が低下している箇所へアプローチをすることにより、関節の可動性や安定性を高め、トレーニングやスポーツでの障害の発生リスクを下げる効果が期待できます。

運動やスポーツは、基本的には「立った状態」で行います。そのとき、体のなかで唯一、地面と接している箇所が「足」になります。ここでは、運動するためのベースとなる足のプリハブ種目を紹介します。

人間の足裏には多くのセンサー機能があり、地面から得た情報を脳に送り、立ったり、歩いたり、走ったりする際のバランスを取っています。この足裏の感度がよくなると、立ち姿勢もきれいになり、パワーポジションも取りやすくなります。

足裏で主に支点となるのは「親指の付け根（母指球）」「小指の付け根（小指球）」「カカト」の3点ですが、5本の指もしっかりと地面につけておく必要があります。正しく体を動かせている人は、足の指も正しく機能しています。ですが、運動不足に陥っている子どもは地面に足をつけたときにつま先が浮いてしまう傾向にあり、大人でも外反母趾や内反尖足などになっている人には地面に指がついていない方が多いです。

また、関節は動きをつくる「モビリティ関節」、体を安定させる「スタビリティ関節」の2つに分類できます。足の指の関節は「モビリティ関節」に属します。例えば、ランジのような体勢を取ったときに足の指を柔らかく使えると、足首の動きも滑らかになり、スムーズな動作が可能になります。実際に、スパイクなどを除けば、運動用のシューズは指が動かしやすいようにつま先が柔らかく設計されているものです。

人間には足首から下の部分で、片足だけで26個の骨があります。細かい骨がたくさんあるということは、当然ながらその細かい骨と骨の間にそれぞれ関節があります。この関節がガチガチでは、地面を柔らかく踏むことはできません。

足の指の機能をちゃんと改善していくことで、そのあとに行う運動の質も向上します。自動車にたとえるなら、タイヤのチューニングのようなイメージです。

足は重要な器官です。ここで紹介している種目は、体幹トレーニングを行うための足のチューニングだと考えてください。

これらをしっかり
地面につけよう

足首より下に（片足で）
26個の骨があり、
それぞれの間には関節がある！
それらを柔らかく
使えるようにしよう

5本の指

母指球

カカト

子指球

1 足裏マッサージ

目的 足部の感度アップをはかる

方法 両手の親指同士をくっつけ、「1、2、3」のテンポで足裏の土踏まずを押していく。左右両方の足を行う

Point 一か所ではなく、土踏まずをまんべんなく押していく

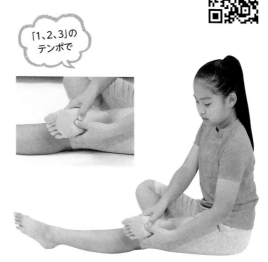

「1、2、3」のテンポで

秒数 左右
各**30**秒

---

2 足指ひっぱり

目的 センサーとして働く足指の機能を改善する

方法 カカトのあたりを手で固定し、もう一方の手の指で足の指をつまみ、1本ずつひっぱっていく。左右両方の足、5本すべての指を行う

Point 少し指をゆすってからひっぱる

5本すべての指をやろう

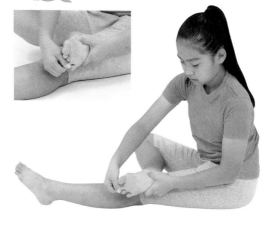

回数 各指
1回ずつ

③ 足指ストレッチ

秒数 **前後**
10秒
×3セット

目的　足部の機能改善。足の指の可動域を広げることで、足首も動かしやすくする

方法　両足のつま先をまっすぐ前に向ける。その状態で、指を手前に10秒伸ばし、次に向こう側に10秒倒す。これを3セット

Point　痛くない範囲で行うこと

こっちに10秒

向こうも10秒

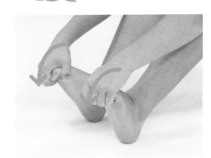

④ 足ひねり

目的 地面をしっかりと踏みしめるための準備

方法 両手を使い、雑巾をしぼるようなイメージで「キュッ」「キュッ」と足をひねっていく。左右両方の足を行う。位置を移動させながら各3回

Point 小刻みに動かすこと

回数 左右
各3回

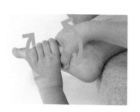

⑤ 足と手の握手

目的 足裏の血行と感度の向上

方法 手の指と足の指、写真の場合は右手の指と左足の指を絡ませて握手をして、足ひねりのように「キュッ」「キュッ」と回す。左右両方の足を行う

Point 小刻みに動かすこと

秒数 左右
各30秒

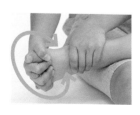

⑥ タオルギャザー

目的 足裏のアーチをつくる

方法 足の5本の指を使い、タオルを引き寄せる

Point これは「ケア」というより「トレーニング」の部類に入る。スネの後ろからつながっている足の裏の細かい筋肉が鍛えられる。ポイントは、親指から小指まで、すべての指をしっかり使うこと。親指がうまく動かない、小指側の指がうまく動かない、といった人もすべての指を使って引き寄せる

秒数 30秒

すべての指を
しっかり使う！

指は大きく
動かそう

第 **4** 章

体幹呼吸
エクササイズ

体幹を理想的な状態に整える静的&動的エクササイズを紹介します。
ここでは全エクササイズに呼吸を関連づけ、
普段の無意識下の呼吸のクオリティーを高めていきます。

正しい呼吸で正しい姿勢をつくる！

足の次は、正しい姿勢をつくるためのチューニングを行います。第2章でも触れた通り、口で呼吸をする生き物は人間だけだといわれています。肺呼吸をする他の動物はだいたい鼻を使って息をしているのですが、人間は口でも呼吸ができるため、本来できるはずの鼻での呼吸の仕方を忘れがちになってしまうこともあります。

ここでは、正しい姿勢で正しいトレーニングを行うために、鼻を使った呼吸の訓練を行います。「訓練」といっても大げさなものではなく、鼻で呼吸をしながら体を動かす準備体操だと思ってください。意識的に呼吸を正すことで運動時だけはなく、日常生活の普段の呼吸の質を上げていくことも目的としています。

運動指導の現場では、「呼吸」は地味な動作であり、また指導されている側もおもしろ味を感じづらい部分であるため割愛されがちです。ですが、呼吸の乱れは姿勢の乱れでもあります。先進的な幼稚園は、呼吸の教育から始めているそうです。

基本は、このページに掲載されている「鼻呼吸」です。これがベースになります。肋骨の動きを感じ、その感覚を掴んだら、次の「ゴキブリ」「スーパインピラー」と進んでいってください。

⑦ 鼻呼吸

3秒で吸って

6秒で吐く

目的 鼻をしっかりと呼吸器として使うための練習。口呼吸では細菌がのどに入りやすくなるが、鼻呼吸では鼻毛がフィルターの役割を果たすため、細菌感染の予防も期待できる

方法 イスに座って背筋を伸ばし、肋骨に両手を置いて、鼻で大きく吸って、口から吐く。できる人は鼻から吐こう。3秒で吸って6秒で吐く

Point 肋骨が縮んだり、膨らんだりすることを確認しながら行う。体にしっかりと空気が入れば肺が広がって肋骨が広がり、吐くときは縮む。その動きを両手で確認しながら行うこと

回数 **3**回

⑧ 横倒し鼻呼吸

目的 ひねりの動きの改善。野球やテニスなどひねる動作を伴うスポーツをやっている人におすすめ。また、猫背の状態ではこの体勢はつくれないので、姿勢改善にもよい

方法 手を側頭部に当て、もう片方の手は太もものあたりに添える。その状態で体を横に倒して鼻呼吸を行う。3秒で吸って6秒で吐く

Point ヒジが天井を向くように。その体勢をつくってから3秒で吸って、6秒で吐く

ヒジは天井に向ける

回数 左右 各**3**回

⑨ ゴキブリ

目的 「腹横筋」というお腹のインナーマッスルを自然と使えるようにする準備運動。この運動では動きではそこまで負荷は強くないが、手足を振るときは必ずお腹の筋肉が使われる

方法 仰向けに寝て、両手、両足を天井に向かって差し上げ、ぶらぶらと振る

Point 背中はちゃんと床につける。仰向けに寝ることで背筋をまっすぐにした状態が保たれる

ぶらぶら〜

ぶらぶら〜

秒数 **10**〜**30**秒

⑩ スーパインピラー

い〜ち、
に〜い

い〜ち、
に〜い

目的 「ゴキブリ」からさらに運動強度を高めた腹横筋のトレーニング。呼吸と姿勢を関連づける。歩くときや走るときは、必ず手足を交互に動かす。そうした動きを模倣したエクササイズであり、動作の改善にも役立つ

方法 仰向けになった状態で腰を反らせないようにお腹に力を入れ、背中を床につける。この状態を保ったまま、両手、両足を上げ、ヒザは90度に曲げる。手と足を交互に、左足を上げたときは右手を、右足を上げたときは左手を上げて、ゆっくりと下ろす。これを繰り返す。動作は「い〜ち」「に〜い」のテンポで。呼吸は、吐きながら手足を上げ、吸いながら戻す。左足、右手の組合せで10回、次に左手と右足の組み合わせで10回。左右逆の順番でもよい

回数 左右 各**10**回

Point 指先までしっかり伸ばす。走っているとき、歩いているときに近い体勢を保つため、つま先は常に手前に向けておく（背屈）

42

⓫ヒザ立ち横倒し

目的 「横倒し鼻呼吸」のレベルアップバージョン。ヒザ立ちになることで、お尻や太ももの筋肉も姿勢維持のために使われる

方法 両ヒザで立ち、背筋を伸ばした状態で片手を腰、もう片方の手を側頭部に添える。両ヒザの間はこぶし一つ分の間隔を空ける。その状態で横倒し鼻呼吸を行う。呼吸は3秒で吸って6秒で吐く。つま先は立てておく

Point 骨盤が横に逃げないようにする。おへそが横に動かないように

回数 左右 各**3**回

腰から下は動かさない！

⓬片ヒザ立ち横倒し

目的 片ヒザ立ちになることで「ヒザ立ち横倒し」よりも不安定さが増し、体幹の支持にかかわる腹横筋などの筋肉も使われる。3秒で吸って6秒で吐く

方法 片ヒザ立ちになり、前足はしっかりと地面を踏みしめて、ヒザがつま先より前に出ないようにする。お腹には力を入れておく。その状態で「横倒し鼻呼吸」を行う

Point カカトとヒザの前後の距離は1足分以内を基本とするが、足とヒザの横の間隔が狭ければ狭いほど不安定になるので運動強度が上がっていく

この間隔は一足分以内　　つま先は立てる

回数 左右 各**3**回

⓭ ヒザ立ちひねり

ヒジを張る

吐く

お腹に力を入れる

イチ、ニッ！

吸う

イチ、ニッ！

吸う

回数 左右交互 計**6**回

目的	ひねりの動作が入ることで上半身の動きに重要な胸回り、背中の筋肉も使われる
方法	ヒザ立ちの状態で背筋を伸ばし、両手を側頭部に添える。お腹に力を入れて、ヒジをなるべく張る。その状態から体をひねる。「1、2」のテンポで息を吸いながらひねり、「1、2」のテンポで吐きながら戻す
Point	ヒザとヒジの間は、ヒザ一つ分ほど離しておく。つま先は立てておく

⑭片ヒザ立ちひねり

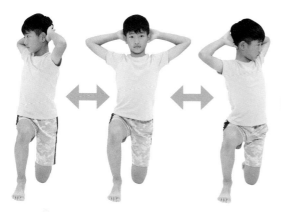

回数 **左右**
計12回

方法 片ヒザ立ちの状態で背筋を伸ば
し、両手を側頭部に添える。前
足はしっかりと地面を踏みしめ
て、ヒザがつま先より前に出ない
ようにする。その状態から体をひ
ねる。「1、2」のテンポで息を吸
いながらひねり、「1、2」のテンポ
で吐きながら戻す。右足を前に6
回、左足を前に6回の計12回。

目的 「ヒザ立ちひねり」のレベルアップバージョン。片
ヒザ立ちになることでより不安定さが増し、体幹
の支持にかかわる腹横筋などの筋肉も使われる

Point お腹に力を入れて、ヒジをなるべ
く張る

⑮正座ひねり

回数 **左右交互**
計6回

目的 ヒザ立ちのエクササイズは骨盤を含めた動きをつ
くっているのに対し、このエクササイズは床にカカ
トをつけることで骨盤が安定するため、よりフォー
カスして胸椎（背骨）を動かすことができる。胸椎
は運動時においてスムーズな動きが求められる
重要な部位であり、その胸椎の動きを呼吸ととも
に整えていく

方法 正座をして背筋を伸ばし、両手を側頭部に添え
る。お腹に力を入れて、ヒジをなるべく張る。その
状態から体をひねる。「1、2」のテンポで吸いな
がらひねり、「1、2」のテンポで吐きながら戻す。

Point つま先は立てておく。そうすることで足指のスト
レッチになる

45

⑯カカト座りひねり

まず
体勢をつくる

①

②

背筋は
伸ばしたまま

アゴを
上げない

③

イチ、ニッ！

回数　左右
各**10**回

目的　ここまで紹介したエクササイズは、この「カカト座りひねり」を行うための準備といってもよい。体幹の運動をするための理想的な状態に整える

方法　四つん這いの体勢からお尻をカカトにつける。背筋を伸ばし、足の指は立てておく。頭を少し下げ、片手を側頭部に添える。頭から腰までが一直線になった状態で、「1、2」のテンポで息を吸いながらひねり、「1、2」のテンポで吐きながら戻す

Point　猫背にはならず、アゴは上げない。背筋を伸ばした状態をキープ

第 5 章

ダイナミック
ストレッチ

10種目

ストレッチ種目は前作でも紹介しましたが、
今回はより自然な動きを引き出すことを目的としたものをセレクトしました。
今回は筋膜のつながりを意識した動きが多いのが特徴です。

姿勢がよくなるし、呼吸もしやすく！

ここでは準備体操として行えるダイナミックストレッチを紹介します。ストレッチには大きく分けると体を動かしながら筋肉を伸ばす「動的ストレッチ」と、ゆっくりと筋肉を伸ばす「静的ストレッチ」に分類されます。ダイナミックストレッチは体を動かしながら行う動的ストレッチで、その目的は筋肉の温度を上げることによって関節の粘性（滑らかな動き）をよくする、神経の伝達速度が速くする（いわゆる「反射神経」をよくする）ことにあります。

また、筋肉は「筋膜」という膜で覆われており、人体には「アナトミートレイン」と呼ばれる筋膜のラインがあります。そのラインに沿って、筋肉は連動しています。ここで紹介したダイナミックストレッチはアナトミートレインに基づいたものも多く、筋膜のラインを整えてあげることで姿勢もよくなるし、呼吸もしやすくなります。お子さんだけでなく、デスクワークをしているお父さん、お母さんにもおすすめです。

ジム通いをしている大人の人でも、筋トレは直線的な動作がほとんどのため、体力には自信があっても立体的な動きを少し行っただけで股関節を痛めたという人は少なくありません。大人の方もぜひ、お子さんと一緒に実践してください。

⑰ 足首回し

| 回数 | 左右 各**5**回 |

つま先できれいな円を描くように

目的 オリンピック選手も実施しているストレッチ。足首のストレッチはつま先を地面につけてグルグルと回す方法が一般的だが、空中に足を浮かせて行うことで自分のイメージ通りに体を動かすための訓練になる

方法 立った状態で両手を腰にやり、足首を回す。つま先で円を描くようなイメージで「内回し」「外回し」をそれぞれ左右5回ずつ。

Point きれいな円を描くことを心掛ける。きれいに円を描けない人は捻挫をしやすいというデータもあるので、このストレッチをスムーズにできるようになることでスポーツ中のケガを防ぐ効果も期待できる。親子で一緒にやってみよう

⑱ 脚振り(前後)

回数　左右
各**10**回

目的　太ももの前と後ろの筋肉、太ももの付け根の筋肉や太ももと胴体をつなぐインナーマッスルなど股関節の柔軟性を養う

方法　立った状態でリラックスして構え、脚を前後に思い切り振り上げる。体幹は固定せずに、足首も柔らかく保つ。手は歩いたり走ったりするときと同様、右脚が前に出たときは右手は後ろにいく。バランスが取れない場合は壁に手をついてもいいし、大人が支えてあげてもいい。左右10回ずつ

Point　自然にリズミカルに行う

⑲ 脚振り(左右)

回数　左右
各**10**回

方法　軸足のつま先を正面に向けて立ち、浮いている脚を左右に大きく振り回す。連動して自然なリズムで両腕も振る。その場で行う「欽ちゃん走り」のようなイメージ、といえば大人には伝わるか

Point　脚が右にいったときに腕も右にいくと動きが悪くなる。足の重さで遠心力が働くため、腕を反対側に振るとバランスを取りやすくなる。このバランスを取りながら行うことで、股関節の柔軟性だけでなく、体を上手に使う器用さも養われる

目的　太ももの内側と外側、お尻の横、胴体をつなぐインナーマッスルの股関節の柔軟性を養う

⑳ 股関節回し

目的 「脚振り」の前後、左右が直線的な動きなのに対し、これは立体的な動きになる。股関節は肩関節のように多方向に動く関節で、この「股関節回し」を行うだけで動きがスムーズになり、様々な動きにも対応できるようになる。スポーツは、例えば「とっさに足を出す」「急に方向転換する」など不測の動きの連続であり、股関節が滑らかに動かないことにはそうした局面に対応できない。運動する上では「股関節回し」はマストのストレッチ

方法 軸足は正面を向ける。足首をリラックスした状態で太ももを上げ、股関節だけを大きく回す。「内回し」「外回し」を左右それぞれ5回ずつ

Point 両手を腰に置き、上半身は動かさない

回数 左右
各**5**回

1

2 上半身は
動かさない

3

軸足は正面

50

㉑ステップT

目的 体の前面の筋肉、特に胸の中央部分（大胸筋中部）、腹筋など
を伸ばすストレッチ。ゲームなどを長時間行うと体の前面の筋肉
が縮んでしまう。すると猫背になって姿勢の悪さからネガティブ
思考に陥り、うつ病を発症しやすくなるともいわれている。呼吸と
組み合わせて体の前面の筋肉を伸ばすことで姿勢もよくなり、メ
ンタルにもよい効果が期待できる

方法 スタートでは両足を揃える。手のひらを上にして、腰のあたりで構
えて「気をつけ」をする。足を一歩前に出しながら、息を吸ってア
ルファベットの「T」のように両腕を横に開く。フィニッシュでは胸
をしっかりと開き、手のひらは上に向けて指先を意識。元の体勢
に戻ったら、今度は反対側の足を出して、同じ動作を行う

Point 呼吸と動作を合わせる。息を吸いながら前に出て、吐きながら戻
す。体の隅々まで酸素を送り込むようなイメージで

回数

6回

アルファベットの「T」

息を吸いながら…

③　　　　②　　　　①

㉒ ステップY

目的　ステップTが大胸筋全体、腹筋を伸ばすストレッチだったのに対し、こちらは胸の下側（大胸筋下部）、脇腹（腹斜筋）、胸の横（前鋸筋）を伸ばしていく

方法　基本動作は「ステップT」と同様。「気をつけ」から足を一歩前に出して、息を吸ってアルファベットの「Y」のように両腕を上に開く。フィニッシュではヒジを伸ばし、腕はなるべく後ろに倒す。胸をしっかりと開き、手のひらは上に向けて指先を意識。元の体勢に戻ったら、今度は反対側の足を前に出して行う

Point　呼吸と動作を合わせる

回数

6回

ヒジを伸ばして腕を後ろへ

息を吸いながら…

3　　　**2**　　　**1**

23 ステップW

目的 これは胸の上（大胸筋上部）がメインターゲットになる。現代人は猫背の人が多いので、ステップ「T」、「Y」、「W」を組み合わせて実施することで、より体の前面の筋肉が伸び、姿勢がよくなることが期待できる

方法 基本動作は「ステップT」と同様。フィニッシュでは体の後ろにヒジを下げて「W」の字をつくる。このとき、胸をしっかりと張る。元の体勢に戻ったら、今度は反対側の足を前に出して行う

Point 呼吸と動作を合わせる

回数

6回

胸をしっかりと
張る

息を
吸いながら…

3

2

1

㉔ ステップC

目的 体の後ろ側の筋肉(広背筋、僧帽筋、脊柱起立筋など)のストレッチ。これらが凝り固まっていると、肩の動きが悪くなり、また姿勢にも悪影響を及ぼす

方法 背筋をまっすぐ伸ばす。指先を伸ばし、両腕を大きく前に出しながら、息を吐いて背骨をアルファベットの「C」のように丸める。上から下に向かって体で大きく円を描くように丸めていき、猫背になる。猫背をつくったら、息を吸いながら背筋を伸ばした姿勢に戻る

回数
10回

Point 呼吸と動作を合わせる

息を吐いて…

アルファベットの「C」

③　　　　②　　　　①

㉕クロスステップ横倒し

目的 体の横側に位置する筋肉を伸ばして姿勢を整える。胴体部分では腹斜筋や広背筋、腕は上腕三頭筋、下半身は大腿筋膜張筋や中殿筋などを伸ばしていく。「魚が泳ぐときに使う筋肉」をほぐすイメージ

方法 つま先を前に向けて「気をつけ」をする。片方の足を後ろに引きながら、「イヤミの『シェー!』のポーズ」のように足を交差しつつ腕を真上に伸ばし、体を横に倒す。もう片方の腕はお腹のあたりに添える。このとき伸ばした腕のヒジは曲げない。この動作を交互に行う。呼吸は吸ったときに横に倒し、吐くときに戻す。左右5回ずつ、計10回

Point ゆっくりとしたリズムで行う

回数 **左右** **各5回**

ゆっくりとした
リズムで

吸ったときに
横に倒す

※右体側を伸ばすときに、写真では左足を、映像では右足を後方に下げていますが、
　どちらでも問題ありません

㉖ ひねりストレッチ（ベースボールストレッチ）

肩を入れるようにしてひねろう

ここで2カウント静止

足は肩幅よりも広く開く

回数　**左右** **各5回**

目的　体幹をひねることで腹斜筋だけでなく肩甲骨周りの筋肉（僧帽筋）のストレッチにもなり、大きく足を開くので内もも（内転筋）のストレッチにもなる。1回の動作で多くの筋肉を伸ばせる効率のいい準備体操

方法　つま先を外に向け、足は肩幅よりも広く開いて腰を落とす。肩を入れるようにして左右にひねる。左右5回ずつの計10回

Point　ひねったら「1、2」の2カウント止める

第 **6** 章

体幹筋力
トレーニング

40種目

ここからいよいよ本格的なトレーニングに入っていきます。
体幹の動的な強さ、爆発的な動きをつくっていきます。
なかにはちょっとした道具を使うものもありますが、クッションやペットボトルなど、
比較的簡単に手に入れやすいものをチョイスしています。

筋トレすると身長の伸びが止まる？
心配無用です

こでは体幹の軸をキープしながら行う筋力トレーニングを紹介します。基本的には小学生の子どもに向けた種目をセレクトしていますが、大人が実施しても効果が得られます。

種目は「軸」「筋力」「動作」「爆発」の４つのカテゴリーに分けられ、それぞれ難易度が「低→高」の順に配列してありますが、できるところから始めていただいても問題はありません。記載されている実施回数も、「その回数をやらないと効果がない」というものではありません。あくまで目安だと考えてください

「軸」は体幹の中心線（体軸）の強化、「筋力」は体幹を形成している筋肉の力、「動作」は動きの器用さや全身の連動性、「爆発」は文字通り爆発的な動き、いわゆるパワーを養うことを目的としています。

昔の子どもたちは、例えば農作業のお手伝いで重たいものを担いだりしていたものです。同じような動作であっても、これが「トレーニング」になると「身長が伸びなくなるのではないか？」と言われてしまいます。お手伝いがOKでトレーニングは子どもにはNGということはありません。ここで紹介されているトレーニングを行って身長の伸びが止まるということは、まず起こりえません。安心して取り組んでください。

27 クッションエルボーニー（軸）

回数 左右 各**3**回

10秒キープ

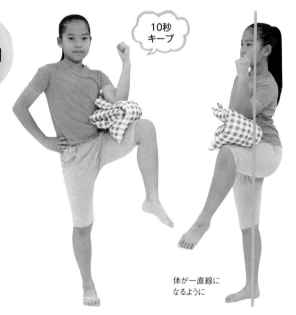

目的 姿勢をよくするエクササイズの一つ。腕と足をつなげる体幹部の筋肉を鍛える

方法 体の軸を意識してまっすぐ立つ。ヒザとヒジにクッション（もしくは枕、ミニボールなど）を挟み、体の軸をぶらさないように立って10秒キープ。これを左右3セット。クッションが小さくなるほど難度が高くなる

Point 足から頭までが一直線になるように。天井から吊るされているイメージで

体が一直線になるように

※映像では枕状のクッションを用いています。どちらを使っていただいても問題ありません

28 クッションパワーポジションツイスト(軸)

下半身は
動かさない

胴体を
使って回す

目的	身体動作の要となる胴体(胸椎・腰椎)の動きを整える
方法	パワーポジションの姿勢を取り、両手でクッションを持つ。体重を少し後ろにかけて胸を張る。顔を正面に向けたまま、上体から回していく。このとき骨盤は動かさない。素早くリズミカルに10往復
Point	腕だけの動きにならないように。しっかりと胴体を使って回すこと

回数 往復
10回

29 クッションツイストランジ(軸)

目的	下半身と体幹を連動させながら鍛える
方法	クッションを両手で持ち、片足を大きく一歩前へ踏み出す。出した足の方向に体をひねる。右足を出した場合は右、左足を出した場合は左にひねる。このとき顔は正面を向けたままで、手首はまっすぐに伸ばす。左右交互に行う。計10回
Point	ヒザがつま先よりも前に出ないように、踏み込んだときは自分の体にブレーキをかける。手首はまっすぐ

右足を出した場合は
右にひねる

回数 **左右交互** 計**10**回

顔は正面を
向けたまま

① ② ③

30 ペットボトルウィンドミル（軸）

回数 左右
各**10**回

目的　柔軟性を整えながら、体幹・体軸を強くする。脇腹（腹斜筋）などがメインターゲットになる

方法　「気をつけ」をしてペットボトルを持ち、足を肩幅程度に開く。ペットボトルをまっすぐ上に差し上げ、倒す側の足のつま先を外側に向ける。右手にペットボトルを持った場合は、右腕をまっすぐ上げ、左足のつま先を外に向ける。その状態から背筋を伸ばしたまま、手を太もも、ヒザ、スネを滑らせて体を横に倒していく。できる人は足首まで触り、スタート姿勢に戻る。「1、2、3」のテンポで息を吸いながら倒して、「1、2、3」のテンポで吐きながら戻る。左右10回ずつ

Point　ペットボトルを持っているほうの腕は常に床に対して垂直の位置を保つ

こっちの腕は
常に垂直

いち、に、さん

① ②

61

31 スタンディングタオルY（筋力）

ここで止めてから
下ろしていく

回数
10回

目的 姿勢維持にも重要な背中の筋肉
（広背筋、僧帽筋など）を鍛える

方法 つま先を正面に向けて立ち、両
手で持ったタオルをピン！と張る。
「1、2、3」のテンポで息を吐きな
がら腕を上げ、上げ切ったところ
で止めてから「1、2、3」のテンポ
で吸いながら下げる。動作中はヒ
ジは伸ばしたままにして胸を張っ
ておく。腕を上げたときはなるべく
後ろまで持っていく。腕がグルン
と後方に回ってしまう場合は、頭
の真上より少し上の位置でストッ
プ。10回

Point お尻の穴を締めて、腹筋に力を
入れる。お尻の中を締めると骨盤
が締まり、体幹が安定する

ヒジは
伸ばしたまま

32 パワーポジションタオルY(筋力)

目的 「スタンディングタオルY」のレベルアップバージョン。立位では使われる筋肉は限られてくるが、パワーポジションを取ることでお尻や太ももの筋肉の動員が増える。また、少し前傾姿勢になるため、より背中の筋肉も使われる

方法 パワーポジションの姿勢を取り、「スタンディングタオルY」の動作を行う。「1、2」のテンポで息を吐きながら腕を上げて、上げ切ったところで止めてから「1、2」のテンポで吸いながら下げる。10回

回数 **10**回

Point 頭は少し下げて、目線だけを上げる

目線は前

① ② ③

33 ハーフニーリングタオルY（筋力）

目的
ハーフニーリング（片ヒザ立ち）の体勢で行うことで不安定さが増す。バランスを維持するためのお腹のインナーマッスル（腹横筋）を中心に、体幹の筋肉がより多く動員される

方法
片ヒザ立ちになり、前足はしっかりと地面を踏みしめて、ヒザがつま先より前に出ないようにする。お腹には力を入れておく。この状態で「スタンディングタオルY」の動作を行う。「1、2」のテンポで息を吐きながら腕を上げ、上げ切ったところで止めてから「1、2」のテンポで吸いながら下げる。10回

ヒザがつま先より前に出ないように

お腹には力を入れておく

回数
10回

Point スタンディング→パワーポジション→ハーフニーリングの順で強度が上がっていく。ハーフニーリングYが問題なくこなせるようになったら、毎回ハーフニーリングを行うのではなく、ときどきはスタンディングを選んでみたりと、変化を持たせた構成にするのが望ましい

34 ラテラルランジ（筋力）

①

②

③

スネと体幹が
ほぼ平行になるように、
お尻を後ろにしっかり引く

| 回数 | 左右 各**5**回 |

つま先は正面

カカトを
浮かさない

目的 内もも（内転筋）のトレーニング及びストレッチ

方法 両足を大きく開いてつま先を正面に向ける。上半身の力を抜き、両手を胸の前で合わせて脇は軽く締める。そのままスピードスケートの動作のように、スネを立てた状態で左右に体重移動をする。このときお尻は後ろに引き、背筋はまっすぐに。ヒザは直角になるのが目安。「1、2、3」のテンポで左右5回ずつ

Point 横に移動したときにカカトを浮かさない。パワーポジション同様、横から見たときに腕と体幹がほぼ平行になるようにする

35 ストレートレッグレイズ（筋力）

つま先は伸ばす

いち

回数
20回

目的	太ももの前（大腿四頭筋）、太ももと胴体をつなぐインナーマッスル（腸腰筋など）を鍛える。振り上げている足を支える、という体幹トレーニングにもなる
方法	座った状態で両手を後ろにつき、片足を伸ばして上下に上げ下げする。ヒザをしっかりと伸ばし切った状態で行うこと。「1」のテンポで上下させて20回。
Point	つま先を伸ばした状態（足首の底屈）で行う。頭や上半身は動かさない

36 クッションレッグカール(筋力)

いち

に

回数
10回

① ②

目的	走るときなどに使う太ももの後ろの筋肉(ハムストリング)の活性化
方法	まっすぐに立った状態で片ヒザの後ろにクッションを挟む。クッションを挟んだまま「1、2」のテンポでヒザを前後に振る。腕は走るときのように、ヒザを前に振ったときには後ろに、ヒザを後ろに振ったときは前にくるようにする。太ももの裏がつってしまう人は無理に行わなくてもよい
Point	動作中、頭は振らない

※映像ではボールを用いています。どちらを使っていただいても問題ありません

37 スタンディングカーフレイズ（筋力）

回数
20回

目的 ふくらはぎの筋肉を使ったバランスのトレーニング

方法 背筋を伸ばして両手をバレリーナのように上げ、お腹を締めて胸を張った状態でつま先立ちを繰り返す。ヒジは伸ばし切るのではなく、少し緩めておく。「1」のリズムで20回

Point 足の親指の付け根（母指球）に体重をかけて、まっすぐ体を持ち上げる

38 スタンディングトゥーレイズ（筋力）

回数
20回

目的 つま先を引き上げる際に働くスネの前の筋肉（前脛骨筋）を刺激する。カカト支点で立つことでバランス感覚も養われ、足首のストレッチにもなる

方法 立ち方は「スタンディングカーフレイズ」と同様。お腹を締めて胸を張った状態で立ち、カカトを支点にしてつま先を上げる。「1」のリズムで20回

Point つま先を上げたときに体を後ろに倒さない

39 ベントニーカーフレイズ

猫背にならない

いち、に

回数
10回

① ②

目的	スタンディングカーフレイズのレベルアップバージョン。太もものやお尻の筋肉も動員され、さらにバランス感覚が求められる
方法	パワーポジションからお尻を後ろに引き、「空気イス」のようなスクワットの姿勢をつくる。バランスを取るために両手を前に出して「前にならえ」をする。その状態でつま先立ちを繰り返す。「1、2」のテンポで10回。
Point	体はスクワットの姿勢をキープする

40 バーティカルレッグリフト（筋力）

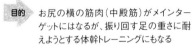

回数 左右
各**10**回

目的 お尻の横の筋肉（中殿筋）がメインターゲットにはなるが、振り回す足の重さに耐えようとする体幹トレーニングにもなる

方法 横向きに寝た状態で下にきたヒザを曲げ、腕で枕をつくって頭を支え、体を安定させる。上の足はヒザを伸ばして体の延長線上に置く。上の足を「1、2」のテンポで上下に動かす。左右10回ずつ

Point 下のヒザは少し前に出す。そうすることで体の安定を保てるようになる

41 ホライゾナルレッグリフト（筋力）

目的 バーティカルレッグリフトのレベルアップバージョンで、体幹にかかる負荷がより強くなる。お尻の筋肉を全体的に鍛えることができ、ヒップアップしたい成人女性にも人気の種目

方法 「バーティカルレッグリフト」のスタート姿勢を作り、上の足を体の前に置く。その状態から、足を上げていく。「1、2」のテンポで上下に動かし、これを左右10回ずつ行う

回数 左右
各**10**回

Point 背中は常にまっすぐ。太ももの裏の筋肉が硬い人はこの体勢を取りづらい。その場合は少しヒザを曲げて行ってもよい

42 スタンディングヒップアブダクション

目的 寝た動作に比べ、筋肉に対する負荷は軽い。ただし、立って行うことでバランス感覚が要求され、「立つ」という能力を強化できる。より機能的なエクササイズ

方法 「気をつけ」をした状態から片方の足を浮かせ、足を浮かせた側の手をまっすぐ上げ、もう片方の手は腰に添える。写真のように左足で立った場合は右手を天井に向ける。左足と右手を結ぶラインが一直線になるようなイメージで、まっすぐに姿勢をキープ。この形ができたら、浮いている足を上下に動かす。「1」のテンポで左右20回ずつ

Point 天井から吊るされるイメージで、常に体をまっすぐにした状態で行う

回数 左右 各**20**回

43 スーパインヒップアダクション（筋力）

目的 内転筋という内ももの筋肉も鍛えるが、足を大きく開くので股関節のストレッチ効果も高い

方法 背中を床につけ、足を垂直方向に上げる。両腕は横に開き、体を安定させる。ヒザを伸ばしたまま、足を横に開いていく。「1、2、3」のリズムで10回。足の重さで自然に足が開くイメージで行う。太ももの裏側の筋肉が硬い人は完全に足が上がらないこともあるが、その場合は少しヒザを曲げてもよい

Point 腰を反らさない。足はまっすぐ天井に向かって上げる

回数 **10**回

44 シコ（筋力）

目的 相撲の有名なエクササイズ。下半身の安定性、さらには股関節の柔軟性を高めながら、バランス感覚を養う

方法 両足を大きく横に開き、体をなるべく起こす。右足に体重を乗せて、左足を高く上げていく。「足を上げる」というよりも、軸足にしっかりと体重を乗せることによって反対側の足が上がるイメージ。左右交互に10回

Point 足を上げたところで「1、2」の2カウントキープ

ここで2カウントキープ

回数 左右交互 計**10**回

72

45 クランチ(筋力)

両ヒザはくっつける

①

お尻は締める

②

いち、に

回数
10回

目的	体の中央部分に位置する腹筋(腹直筋)を鍛える基本的なエクササイズ。お腹の力はいかなる動きにおいても重要
方法	仰向けの状態から両ヒザを立てて、頭を少し浮かして両手を側頭部に添える。スタート姿勢で息を吸い、しっかりと吐きながら背中を丸めていく。「1、2」のテンポで10回。腕で頭を引っ張って起き上がらないように。できない場合は、両手を胸の前で組んでもよい
Point	お尻の穴を締めて行う。また、両ヒザはくっつけておく。そうすることで内ももの筋肉(内転筋)が動員され、腹直筋に効きやすくなる

46 ツイストクランチ（筋力）

くっつかなくてもOK

回数 左右
各**10**回

目的	クランチにひねりの動作を加えたエクササイズ。脇腹（腹斜筋）、胸の横の筋肉（前鋸筋）なども動員される。野球やテニスなどひねりの動作を伴うスポーツを行っている人にもおすすめ
方法	クランチのスタート姿勢から足を交差して組む。右足を床につけた場合は左足を浅く組み、右手を側頭部に添える。その状態から、息を吐きながら右ヒジを左ヒザに近づけていく。ヒジとヒザはくっつかなくてもOK。「1、2」のリズムで左右10回ずつ
Point	動作中、足や骨盤がぐらぐらしないように。親が足を押さえてあげてもよい。ぐらつくのは筋力が弱くて体幹が安定しないためであり、足や骨盤を動かないようにして行うだけでも体幹トレーニングとしての効果がある

47 ニートゥチェスト（筋力）

つま先は立てる ⋯⋯⋯⋯⋯

回数 **左右交互**
計**20**回

目的	腹筋（腹直筋）、太ももの筋肉（大腿直筋など）、胴体をつなぐインナーマッスル（腸腰筋など）を鍛える
方法	仰向けになった状態でマットに両ヒジをつける。体を安定させ、足をピストン運動のように入れ替える。動作は「1」のリズムで左右交互に入れ替えて、左右10回ずつ。合計20回
Point	つま先は立てる。自転車を立ち漕ぎするようなイメージで

48 アブシザーズ（筋力）

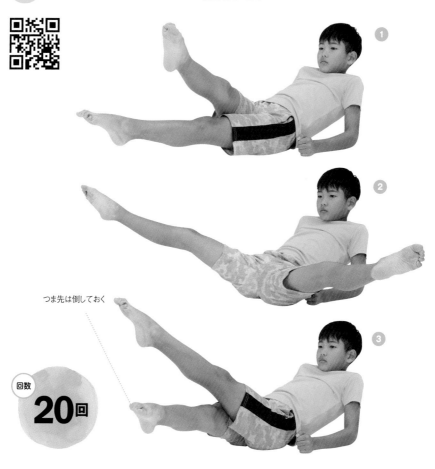

つま先は倒しておく

回数
20回

目的 足を閉じる（内転）、開く（外転）といった動作の訓練になり、股関節のストレッチ効果もある。また、この姿勢の維持に使われる腹筋（腹直筋）も強化できる

方法 シザーズとは「ハサミ」の意味。まずは「ニートゥチェスト」のスタート姿勢をつくる。ヒジを伸ばしたまま、ハサミのように足を閉じたり、開いたりして上下に交差させる。最初に右足が上にきたら、次に左足が上にくる。「1」のテンポで20回

Point つま先は倒す。立てておくと、交差するときに足がぶつかってしまう

49 V字腹筋（筋力）

両手、両足は
マットにつけない

①

いち、に

②

回数
10回

目的	腹筋（腹直筋）のエクササイズ。クランチのレベルアップバージョンで強度は高い
方法	仰向けになって手足を伸ばす。足と手はマットから離し、お腹に力を入れておく。息を吐きながら両手と両足を近づけ、吐きながらゆっくりと戻す。戻したときも両手、両足は浮かせたままで、常にお腹には力を入れておく。可能なら「1、2」のリズムで上げ、「1、2」のリズムで戻す。難しければ自分のペースで。これを10回
Point	背中は床にくっつける。腰を反らさない

50 サイドベンド（筋力）

回数 左右 各10回

目的 腹直筋や前鋸筋など、横倒し鼻呼吸を
リズミカルに行うための筋肉を鍛える

方法 両足を肩幅くらい開き、頭の横に手を
添える。つま先はまっすぐ前を向ける。
片方の手は側頭部に添える。太もも
に手を滑らせながら、背骨をしならせる
イメージで体を横に倒していく。「1、2」
のリズムで息を吸いながら倒し、「1、
2」のリズムで吐きながら戻す。左右
10回ずつ

Point おへその位置を変えない。横に倒した
ときに骨盤が左右に揺れないように

51 サイドベンドニーアップ（筋力）

回数 左右 各10回

目的 「サイドベンド」のレベルアップバージョ
ン。下半身の動作も入るため難度が上
がり、動きの連動性を整える要素もある

方法 サイドベンドのスタート姿勢をつくる。背
骨をしならせるようにして体を倒しなが
ら足を上げ、ヒザとヒジを近づけていく。
「1、2」のリズムで息を吸いながら倒し、
「1、2」のリズムで吐きながら戻す。左
右10回ずつ

Point リズミカルに行う

52 オブリークロール（筋力）

① 片方の
お尻を乗せる

② 背骨を横に
しならせる

目的 お尻でバランスを取る体幹トレーニング。背骨の側屈動作で脇腹の筋肉（腹斜筋群）が使われ、動きと筋肉の連動性を高める効果もある

方法 「オブリーク」は腹斜筋の意味。イスのセンターに片方のお尻を乗せて両足、両ヒザをくっつける。両腕は床と平行になるように真横に伸ばす。腕の平行を保ちながら、背骨を横にしならせる。「1、2、3」のリズムで左右5回ずつ。右を5回終えたら左を5回（またはその逆）という方法で

Point 猫背にならずに、背筋を伸ばしたまま行う

回数 左右
各**10**回

53 クッションロシアンツイスト（筋力）

回数 往復
10回

目的 メインターゲットは脇腹の筋肉（腹斜筋）になるが、姿勢維持で腹筋（腹直筋）も使われる。ウエストのくびれをつくるのに有効なので、女性の方にもおすすめ。お尻を支点した動作となり、バランス感覚を養うトレーニングにもなる

いち

方法 床にお尻をつけて座り、体を少し後ろに倒し、軽くヒザを曲げて両足を浮かせる。胸の前でクッションを持ち、左右に回転させる。顔は正面を向けたままで、しっかりと胸椎を回転させる。「1」のテンポで左右20回（10往復）

Point 手だけの動きにならないように。胴体をしっかりと動かす

顔は正面を
向けたまま

54 ペットボトルまたぎ前後（動作）

できるだけ
ヒザを高く

体重は
前足に

① ② ③

目的 前後方向の股関節の動き（股関節屈曲・伸展）をつくる

方法 ペットボトルを半歩ほど前に置く。足を高く上げ、ペットボトルの真上をまたぐ。またぐときには、体重を前足にかける。またいだ足を上げて元の体勢に戻るところまでで1セット。「1、2」のテンポでまたぎ、「1、2」のテンポで戻す。視線は慣れるまではペットボトルを見てもいいが、慣れたら視線を前に向けたままで行おう。片方の足で連続10回、左右で合計20回

Point 背中が丸くならない範囲で、できるだけ高くヒザを上げる。つま先は上に向ける

回数 左右
各**10**回

55 ペットボトルまたぎ左右（動作）

いち

に

回数　**左右**
各10回

目的　横方向の股関節の動き（股関節外転・内転）をつくる

方法　ペットボトルをまたいだときにセンターにくる位置に置く。足を上げて横に開き、ペットボトルの真上をまたぐ。歩幅は肩幅よりも、やや広くなるくらい。またいだ足で地面を押し、元の体勢に戻る。ここまで1セット。「1、2」のテンポでまたぎ、「1、2」のテンポで戻す。片方の足で連続10回、左右で合計20回

Point　背中が丸くならない範囲で、できるだけ高くヒザを上げる。つま先は上に向ける

56 ペットボトル5ステップ（動作）

①

目的 股関節の動作の改善にプラス、動きのリズム感を養う

方法 3本のペットボトルを同一ライン上に置き、5ステップでまたぎながら横に移動する。背筋をまっすぐ伸ばし、つま先は上に向ける。腕は肩からしっかりと動かし、右足を上げるときは左腕を、左足を上げるときは右腕を上げる。左右に合計6回（3往復）

Point テンポよく行うこと。また、5歩目ではピタッと動作を止める

⑤  3歩

 回数 往復 **3**回

③  1歩

⑥  4歩

④  2歩

⑦  5歩

ここでピタリと止まる

57 だるまクランチ（動作）

回数
10回

ここで
3カウントキープ

スネは床と並行

目的	背骨を柔軟に動かすためのトレーニング。「猫背はよくない」といわれるが、背骨の可動域がなくなってしまって猫背になれず、前屈ができないのも考えもの。背骨の可動域を改善して「背中を丸める」という動作を行うためのアプローチ
方法	両ヒザを抱えた状態で、ゆっくりゴロゴロと転がる。反動を使わず、背骨の丸みを使って動作を繰り返す。止まったところで「1、2、3」の3カウントキープ。ここで止まることでバランス能力も養われる。10回
Point	止まったときはスネは床と平行になるように

58 マウンテンクライマー（動作）

目的 体幹のトレーニングに「太ももを上げる」という動作がプラスされた総合的なトレーニング。太ももを戻すときにはキック動作のトレーニングにもなる。大人にも人気のエクササイズ

方法 つま先と両手を床につけ、体を一直線にして「腕立て伏せ」のスタート姿勢をつくる。目線は真下ではなく、少し前に向ける。その状態から片ヒザを自分の胸に近づけていく。「1」のテンポで左右交互に20回。動作中はお尻を振らないようにする。また、ヒザは床につけない

Point 胸に近づけたほうの足首は寝かせる（底屈）。そうすることで、動作中につま先が床につかない

目線は少し前

① ② ③

回数 **左右交互** 計**20**回

足首は寝かせる

59 クッショントリプルエクステンション（爆発）

目的 「トリプル」とは股関節、膝関節、足関節の3つの関節のことを指す。これらの関節が一度の動作で同時に伸びる（伸展）エクササイズ。全身の筋肉の連動性を養う

方法 パワーポジションからお尻を後ろに引き、スクワットで深くしゃがんだ体勢をつくる。両手でクッションを持ち、一気に立ち上がって頭上にクッションを抱え上げてピタリと止まる。抱え上げたら「1、2、3」の3カウントキープ。下ろすときはゆっくりと。しゃがんだときは猫背にならず、立ち上がったときは背中を反らさない。10回

Point 爆発的に立ち上がってピタッと止まる。また、しゃがんだときはヒザが前に出過ぎないように

回数 10回

ピタッと止まって3カウントキープ

① ② ③

まずはスクワットの姿勢

86

60 体幹チェストパス(爆発)

目的 全身の連動性を養う。体で発生したパワーをクッションに伝えて、「投げる」という動作につなげていく

方法 パワーポジションをつくってお尻を少し引き、クッションを胸の前で持つ。立ち上がる勢いでバスケットボールのチェストパスのようにクッションを投げる。「立ち上がって投げる」「キャッチしてしゃがむ」といった動作を繰り返す。しゃがんで立ち上がる動作はゆっくりではなくパワフルに。10回

立ち上がって投げる

回数
10回

Point 爆発的に行うこと。腕ではなく下半身で投げるイメージ。また、どの程度、本気を出すかは親次第。強弱はつけられる。腕ではなく、下半身で投げるイメージ

61 体幹バックスロー（爆発）

目的
体を爆発的に使う訓練。「後ろ」という自分から見えないところに投げるため、「どのくらいの力で投げればいいか」「どのタイミングで手を放したらボールが届くか」なども学習ポイントになり、器用さが養われる

方法
パワーポジションの姿勢をつくり、お尻を後ろに引いて両手でクッションを持って構える。その状態から体をひねったりせず、真後ろにクッションを投げていく。お尻と背中で投げるイメージで行う。10回

Point
最初はできなくても、続けていくうちに次第にできるようになっていく。継続することが重要

お尻と背中を
使って投げる

回数
10回

1

2

3

62 ツイストキャッチボール(爆発)

① ② ③ ④

回数 **左右**
各10回

目的 ▶ 「体幹チェストパス」にひねりの要素が加わったトレーニング。野球やテニスといったひねり動作を伴うスポーツにおける実践的なパワーを養う

方法 ▶ パワーポジションの状態から片足を後ろに引く。前足の6割、後ろ足に4割の体重が乗るようにして、スネと体幹は平行になるようにする。その状態から体をひねり、真横にいる親にクッションを投げる。親が投げ返してきたクッションをキャッチしたら、上体を回して投げ返す。腕で投げるのではなく、ヒザの弾みを使って、軽く沈み込んでから投げる。足を入れ替えて左右10回ずつ

Point ▶ ヒザは前に出さない。後ろ足のカカトは上げる

63 サイドステップタッチ（爆発）

①

④

②

⑤

③  ちゃんと触れる

⑥ ちゃんと触れる

目的	体の器用さを養う

方法　斜め前の位置にペットボトルを2本置く。横に素早く1歩移動して、移動した方向とは反対側の手でペットボトルにタッチする。このとき、足はつま先だけではなく足裏全体を床につける。正しいフォームでテンポよく、スピーディーに行う。左右交互に10回

Point　動作中に体の軸がぶれないようにしながら、ピタッと触ってサッと戻る。また、ペットボトルに触るときに猫背になるのではなく、しっかりと股関節から折り曲げて、お尻を下ろした状態で触る

回数　左右交互
計**10**回

64 サイドカット（爆発）

①

④

②

⑤

③

ピタッと止まる

⑥

ピタッと止まる

目的	スポーツにおける方向転換の動きを部分的に切り取ったエクササイズ。足首の捻挫の予防や、スピードを要求される局面での適応力が養える
方法	「サイドステップタッチ」はステップ動作が入ったが、これは1回のジャンプで移動する。横にジャンプして、ピタッと体を止めてペットボトルに触れる。元の位置にジャンプして戻り、今度は反対側に移動する。リズミカルに行うこと。左右交互に10回
Point	動作が小さくならないように

回数 左右交互 計10回

65 90°ターン（爆発）

目的　空中におけるバランス感覚を養う。「どのくらいの力で踏みきったら90度で止まるのか」といった器用さも養われる

方法　ペットボトルをセンターに置く。パワーポジションからお尻を後ろに引き、スクワットの姿勢をつくる。腕をしっかりと振り上げて真上にジャンプし、ペットボトルを中心に90度に回転して着地する。ジャンプするときはヒジを少し曲げておく。4回ジャンプして元の向きに戻ったら、今度は反対側にジャンプする。4回のジャンプで1回転、これを左右1回転ずつの計2回転。レベルアップのバリエーションとして1回のジャンプで180度ターンするバージョンもある

Point　足の幅は肩幅を保ち、空中でも変えない。スポーツの局面では、足幅が広くなると着地後の体重移動がスムーズにいかず、次のプレーに移りづらくなる。足幅が開きやすい人は注意しながらジャンプしよう

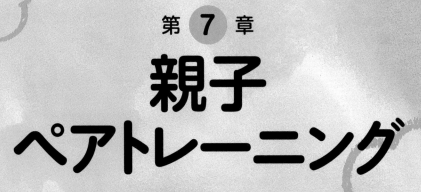

第 **7** 章

親子
ペアトレーニング

10種目

親子で2人1組となって実施するトレーニング集です。
5つのカテゴリーに分類して紹介します。

親子で呼吸を合わせて
一緒に鍛えましょう!

2人1組で行うペアトレーニングには、パートナーが手で抵抗をかけるもの、2人で同じ動作をするものなど、いくつかの種類があります。ここではそれらのエクササイズを5つのカテゴリーに分類しています。簡単そうなもの、できそうなものをチョイスして実施していただいても結構です。親子でコミュニケーションを取りながら、呼吸を合わせて一緒に鍛えましょう!

【マニュアルレジスタンス（MR）】

いわゆる「徒手抵抗」と呼ばれるもので、バーベルやダンベルなどの代わりとなって素手で押すなどして負荷をかけるトレーニングです。親は実施者である子どもの動きを妨げないように抵抗を与えつづけます。こうした運動には、負荷の強弱が自由自在に調節できる、親子でのコミュニケーションが取りやすい、器具がなくてもできる、などのメリットがあります。

注意すべき点としては、まずはお子さんに種目の動きを覚えてもらうこと。いきなり抵抗をかけても、その動き自体ができない可能性があります。抵抗をかけていない状態（自動運動）で、「この動きをやってみて」と子どもに実施してもらい、その上で抵抗をかけるようにします。「フォーム指導」→「実施者の自動運動」→「抵抗をかける」。この順番で進めていきましょう。

【シンクロムーブ（SM）】

同じ動作を2人で一緒に行うトレーニングです。「シェイクハンドスクワット」などは体重のかけ方を少し変えるだけでバランスを崩してしまうこともあります。そうした体の使い方の感覚も学べる運動です。

【ダブルエクササイズ（DE）】

2人の動作が微妙に異なり、シンクロムーブになっていないものを「ダブルエクササイズ」としてカテゴライズしました。例えば、「ダブルプッシュアップ」は、下になる大人が行うのは一般的な腕立て伏せです。上になる子どもも普通の腕立て伏せのようなかたちになりますが、大人の体の上で実施するため、床で行うよりも動作の安定性が求められます。このような種目を「ダブルエクササイズ」としています。

【サポートエクササイズ（SE）】

パートナーが実施者のサポートをするエクササイズです。実施者のペースを把握しながら、安全で適度なアシストを行っていきます。本書では「ハンドカート（手押し車）」などがそれにあたります。

【ヒューマンウエイト（HW）】

パートナーの体重を負荷として利用するトレーニングです。大人の体重が重すぎる場合（負荷が強すぎる場合）は注意です。お子さんに無理はさせないようにしてください。

カカトを押すから、手を蹴ってみよう

マニュアルレジスタンスは「フォーム指導」→「実施者の自動運動」→「抵抗をかける」。この順番で進めましょう

⑥⑥ ハーフニーリングトランクローテーション（MR）

目的 ひねりに対しての抵抗性を養う。体を止めた状態で抵抗に耐えるので、様々な局面での体幹の安定性をはかるのによい

方法 片ヒザ立ちになりハーフニーリングの姿勢をつくる。背筋をまっすぐ伸ばし、両手を前に伸ばして手を合わせる。この状態で、親は左右から手で抵抗をかける。実施者の子どもは抵抗に負けないように耐える。右から抵抗かけて「1、2、3」の3カウント、左から「1、2、3」の3カウント。これを左右合計10回

Point お腹に力を入れて行う

回数 左右 各**10**回

押し返すようにして耐える！

お腹に力を入れる

㊻ ドンキーキック（MR）

目的 後方に蹴り上げる動作（股関節の伸展）を身につけるエクササイズ。股関節の伸展は、走ったり歩いたりするときなどの前方への体重移動で重要な動作

方法 四つん這いの状態でつま先を立てる。腰は丸めず、背筋をまっすぐにした状態を保つ。親は片方の足に抵抗をかけ、実施者である子どもはヒザの角度を変えずに手を押し上げていく。弧を描く軌道で、足の裏を天井に向けるようなイメージ。パートナーである親は戻すときも抵抗をかけ、実施者の子どもはその抵抗に耐えながら戻していく。「1、2、3」のテンポで押し上げ、「1、2、3」のテンポで戻す。左右10回ずつ

Point 足が股関節を中心にした回転運動になるように。足は開かない

いち、に、さん

パートナーの力

実施者の力

回数 左右 各**10**回

68 シェイクハンドスクワット(SM)

目的 器用さを身につけるためのトレーニング。体重を後ろにかけるので、上下の方向に動く通常のスクワットとは体の使い方が異なる

方法 握手をした状態でお互いに体重を後ろにかけ、しゃがんでいく。もう片方の腕はバランスを取るために後ろに開く。ここで大きく胸を開くことで運動量が多くなる。立ち上がったら握手する手をスイッチし、同じ動作を繰り返す。親が体重をかけると子どもが前に引っ張られてしまうので、親が上手にコントロールしながら、子どもに体重をかけさせるように。なお、動作中はガニ股にならないように。左右交互に合計10回

Point リズミカルに行うこと

回数 左右交互
10回

⓭ タオルロウ（DE）

いち、に、さん

いち、に、さん

回数 左右 各10回

目的	背中を鍛えて姿勢を改善する
方法	タオルを使った綱引き。パワーポジションを取り半身で構え、両手でタオルを持つ。前足のつま先は前に向ける。脇を締めて胸を張り、体は固定した状態で交互にタオルを引っ張り合う。「1、2、3」のテンポで引き、「1、2、3」のテンポで戻す。10回1セットとし、1セットを終えたら左右の足を入れ替えてもう1セット
Point	2人とも本気で引っ張り合うとエクササイズにならないので、引くほうに対して引かれるほうは少し力を抜く。動作が止まらないように、ゆっくりと力を発揮しあう

お互いムキにならない！引かれるほうは少し力を抜く

70 シットアップキャッチボール(DE)

目的 2人1組で行う腹筋運動。投げる動作、キャッチする動作を取り入れているため、動きの連動性も身につく

方法 お互いが向き合った状態で床に座り、両ヒザを曲げる。クッションを相手にパスし、受け取った側は倒れて、起き上がった勢いで投げ返す。これを繰り返す。動作がやりにくい場合は、お互いの距離を近づける。それぞれ10回ずつ

Point 動作中、なるべく足は上げない。親が子どもの足を少しホールドしてもよい。スネの骨が当たるなどして痛い場合はタオルを間に挟む

回数 **10**回

99

ⓐ ダブルプッシュアップ（DE）

目的 体幹の力、バランス感覚を養う

方法 親が床で、子どもはその親の上で腕立て伏せを行う。子どもは足を親の背中に乗せ、足首を持って構える。つま先は寝かせて、ヒザはつけない。親子が一緒のタイミングでヒジを伸ばし、一緒のタイミングでヒジを曲げる。これを5回。親が腕立て伏せができない場合は、この体勢を取るだけでもよい。子どもができない場合は、親の上ではなく、イスやテーブルなどに手を置いて、角度をつけた状態で腕立て伏せを行う

Point 声を出しながら、一緒に呼吸を合わせて行う

つま先は
寝かせる

①

②

回数
5回

③

72 ハンドカート(SE)

背中を丸めない。パートナーはパワーポジションの姿勢で押していく

目的 赤ちゃんの「ハイハイ」の進化版で、肩の安定性を高める。ボールを投げたときなどにかかる肩の負担の軽減、チェストパスでのダイナミックな投球などにつながるエクササイズ

方法 いわゆる「手押し車」。腕立て伏せの体勢をつくった子どもの足を、親はパワーポジションから後ろにお尻を引いた状態で保持する。実施者の子どもは、体を一直線に保った状態で前に進んでいく。歩幅が大きいとお尻が揺れてしまう。お尻が揺れないよう、小刻みに進む。20歩

Point 胴体が床と平行になるように、親は子どもの足を頭と同じ高さで保持する。また、親は背中をまっすぐに。丸めると腰を痛める原因になる

歩数
20歩

73 リバースハンドカート(SE)

歩数
20歩

目的 肩関節の滑らかな動きをつくるエク
ササイズ。ストレッチ効果も高い

方法 逆方向の手押し車。床に座った
子どもの両足を親が保持する。お
父さんは後ろに、子どもは前に進
んでいく。手押し車同様、お尻が
揺れないように小刻みに。20歩

Point 肩が痛い場合は注意が必要。無
理はしないように

①

②

準備として

今は学校の掃除で「雑巾がけ」も
なくなり、子どもが日常生活で床
に手をつけるということがほとん
ない。そのため、手首を甲の方向
に曲げられる範囲が狭いので、床
に手をつけた際に指の付け根で
支えてしまう場合もある。そうなら
ないように、ハンドカート、リバース
ハンドカートを行う前に手首のスト
レッチをやっておきましょう

③

74 エクストリームクランチ(SE)

腹筋をストレッチ

①

いち、に

②

目的	腹筋運動をしながら脊柱の動きをつくる。腹筋(腹直筋)がよりストレッチされるので、クランチよりも強度が高い
方法	親は「タイヤ跳び」のようにしっかりと背中を丸め、子どもの両足を保持する。子どもは親の背中の曲面に合わせて腹筋を伸ばす。その状態から「1、2」のテンポで息を吐きながら背中を丸めて起き上がり、「1、2、3」のテンポで吸いながら戻る。10回
Point	腰に注意。痛みが出ない範囲で反らせるように

回数
10回

75 レッグドロップ(HW)

回数 左右 各**5**回

Point 最初のうちは「放すよ」などの予告をして行う。予告なしで行う場合は、失敗して足が落ちた際につま先を痛めないよう、靴を履くこと

目的 片足が重力によって下方向に引っ張られることで生じる回旋の負荷に耐える体幹のトレーニング。脇腹の筋肉（腹斜筋）への刺激が強く、姿勢を整えるのに効果的

方法 実施者の子どもは腕立て伏せの体勢をつくる。親は足幅を狭くしたパワーポジションで子どもの足の間に入り、子どもの両足を保持する。片方の足を放し、子どもはその足が下に落ちないようキープ。キープする時間は「1、2、3」の3カウントで、これを左右5回の計10回

76 レッグロウ

パートナーは体を一直線に保つ。
実は大人も結構キツい

目的 背中のトレーニング。重たいものを持ちあげるときの姿勢の習得にもなる

方法 足幅を狭くしてパワーポジションをつくり、お尻を引いておじぎをする。ヒザはなるべく前に出さない。親はその下で仰向けに寝て、全身に力を入れて体を一直線に保つ。子どもは親の足首を持ち、脇を締めて胸を張った状態で足を引き上げる。動作中、上体を倒したり反らしたりしない。できない場合、親は床にお尻をつけた状態で行ってみよう

Point 背筋をまっすぐにして胸を張り、しっかりと足を引きつける

回数 **3~5**回

第 **8** 章

反応エクササイズ

9種目

ここまで整えてきた体幹を「反応」においても使えるように転換していきます。
スポーツや日常生活は「反応」の連続です。
親子でコミュニケーションを取りながら、楽しく「反応力」を養える種目を紹介します。

脳と体の
リアクションを養う！

これまで鍛えてきた体幹の筋力、柔軟性、バランス力を実践的な動作に結びつけるコーディネーション運動を紹介していきます。ここでは脳と体のリアクションを養っていきます。

パートナーの合図に実施者が可能な限り速く反応するのがポイントになりますが、親が次々合図を出していくと、子どもが追いつけなくなってしまうかもしれません。合図を出すのはあくまで「子どもができるペースに合わせる」ようにします。

合図を出すタイミングはあくまで子どものペースに合わせる

77 後出しジャンケン1

回数 左右
各**5**回

目的	脳と動作をつなぐコーディネーションのトレーニング
方法	「ジャンケン、ポン、ポン」の2回目の「ポン」で勝つ。親が「ジャンケン、ポン」でチョキを出した場合、子どもは次の「ポン」でグーを出す。右手5回、左手5回の合計10回
Point	できるだけ速く反応するように。ただし、親があまりにも速く次のジャンケンに入ると子どもが追いつけない可能性がある。子どもに無理のないペースで行う

78 後出しジャンケン2

目的 脳と動作をつなぐコーディネーションのトレーニング

方法 要領は「後出しジャンケン1」と同様。今度は2回目の「ポン」で負ける。右手5回、左手5回の合計10回

Point 子どもに無理のないペースで行う

回数 左右 各**5**回

ジャンケン、ポン！

ポン！

ここで負ける！

79 パワーポジションミラー

目的 脳と動作をつなぐコーディネーショントレーニング。ジャンケンは手首から先の動きだが、これは全身の動きになる

方法 お互いに向き合って状態でパワーポジションをつくり、子どもが親の動作のマネをする。親が右手を出したら、子どもは左手を出すなど同じかたちをつくる。子どもが反応したらパワーポジションに戻り、次の動作に入る。30秒

Point ジャンケン同様、親があまりにも速く動作を行うと子どもが追いつけない可能性がある。子どもがマネしてから、次の動作に入るようにする

秒数 **30**秒

マネをする

⑧⓪ パワーポジションリアクション1

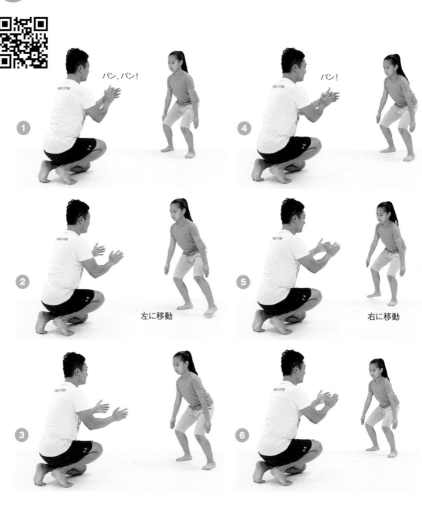

パン、パン！

左に移動

パン！

右に移動

目的	脳と動作をつなぐコーディネーションのトレーニング。これは目ではなく、耳を使って反応していく
方法	パワーポジションをつくった状態から音に反応して左右に移動する。手を「パン」と1回叩いたら右に、「パン、パン」と2回叩いたら左に移動する。移動したあとは元も位置に戻ってからスタートする。30秒
Point	子どもが反応してから次の動作に入る

秒数
30秒

81 パワーポジションリアクション2

パン！

パン、パン！

目的	パワーポジションリアクション1のレベルアップバージョン。より運動強度は高くなる
方法	パワーポジションをつくった状態から音に反応して上下に体を動かす。手を「パン」と1回叩いたらジャンプ、「パン、パン」と2回叩いたら床に伏せる
Point	子どもが反応してから次の動作に入る。伏せたときは脇は締めて床に手をつける

秒数 **30秒**

㉒ ハーキーリアクション（左右）

目的	動いている状態から耳で反応していく
方法	その場で両足を交互に動かして素早くステップを踏み、両腕は前後にゆっくり振る（ハーキー）。少し背筋を伸ばしてアゴを締め、視線は上げる。その動作を継続したまま、手を「パン」と1回叩いたら右、「パン、パン」と2回叩いたら左に移動する。20秒
Point	体勢を低く保ったまま動きを止めない

その場で細かくステップ！

パン、パン！

左に移動

秒数
20秒

※映像では腕を振らない、少しレベルを下げたやり方で行っています

83 ハーキーリアクション（上下）

パン！　　　　　　　　パン、パン！

① 　　　　　　　　　　　　②

目的	ハーキーリアクション（左右）のレベルアップバージョン
方法	ハーキーをしながら、「パン」と1回叩いたらジャンプ、「パン、パン」と2回叩いたら床に伏せる。伏せたときは脇は締める。20秒
Point	体勢を低く保ったまま動きを止めない

秒数
20秒

※映像では腕を振らない、少しレベルを下げたやり方で行っています

⑧4 パワーポジションクロックリーチ(右)

目的	イメージ通りに体を動かすトレーニング
方法	パワーポジションをつくり、アナログ時計の中央に立っていることをイメージする。左足を軸にして、指示に合わせて右足を動かす。「0時」から「6時」までの間で時間で、「2時」と指示された場合は「2時」、「4時」と指示された場合は「4時」の方向に足を置く。20秒
Point	できるだけ速く反応する

⑧5 パワーポジションクロックリーチ(左)

目的	イメージ通りに体を動かすトレーニング
方法	パワーポジションクロックリーチの左足バージョン。「6時」から「12時」の間の時間で、指示された時間の場所に足を置く。20秒
Point	応用として、「3時」のあとに「9時」など、左右織り交ぜてもよい

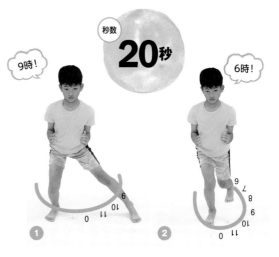

第 **9** 章

スタティック
ストレッチ

15種目

運動後に最低限やっておきたいストレッチをヨガのポーズを含め、紹介します。
親子で一緒にかたちを考えながら、楽しく行いましょう。

ゆっくり伸ばして
筋肉の長さをリセット

　最後に整理運動として、同じ姿勢を維持しながらゆっくりと筋肉を伸ばしていくスタティックストレッチを紹介します。ここまでやってきたトレーニングのあとに行い、使った筋肉をケアしましょう。

　スタティックストレッチは「静的ストレッチ」ともいわれ、酷使して短縮した筋肉の長さをリセットしてくれます。筋肉の長さが短くなる（凝り固まる）と姿勢のバランスが崩れてしまいます。

　子どもに多くみられるのは、もものの裏側（ハムストリング）が硬くなっている状態。ハムストリングが硬くなると骨盤が引っ張られて後ろに傾き、その結果、猫背になりやすくなります。また、長時間のゲームやスマホなどは腹筋や大胸筋など体の前面の筋肉を硬くさせ、猫背の要因になります。そうした短くなった筋肉の長さをリセットするだけでも、姿勢改善に役立ちます。運動後でなくても、体が硬いと感じている人は、これらのストレッチを単独で行っても大丈夫です。

　基本的には、一つのポーズの実施時間は20秒から30秒を目安にしてください。呼吸は止めず、力を抜いたリラックスした状態で行うようにしてください。

86 下向き犬のポーズ

ヒザは
しっかりと伸ばす

頭と肩を
下に入れる

目的 ふくらはぎ、ももの後ろ側、お尻、背中など体の後ろ側全体を伸ばす。「体が硬い」と言われる人が硬くなりがちな筋肉を一度に伸ばせる。ストレッチに割く時間があまり取れない日は、これをチョイスしよう

方法 両足を大きく横に開き、床に両手をつける。ヒザはしっかりと伸ばす。お尻を後ろに引き、頭と肩を下に入れていく。伸ばしにくいときは息を大きく吸って、吐きながら伸ばす

Point カカトは床につけなくてもいいが、「つける」という感覚は持つこと

秒数 **20〜30秒**

87 サソリのポーズ

目的 下向き犬のポーズにプラスして、脇腹（腹直筋）も伸ばしていく

方法 「下向き犬」のポーズから足幅を狭くし、片方の足を天井に向けて伸ばす。上げ切ったところでヒザを曲げる

Point 難度が高いので「目標として」10秒

秒数 **10秒**

⑧⑧ 三角のポーズ

秒数 10~20秒

目的 お尻、腹斜筋、前鋸筋など体の横側の筋肉のストレッチ

方法 両足を肩幅程度に開き、片方の腕を天井に向けて伸ばし、もう片方の手は足首あたりを持って「ペットボトルウインドミル」のフィニッシュ姿勢をつくる。この姿勢を10秒から20秒キープ

Point 左右両方を行う

⑧⑨ 猫のポーズ

目的 胸の筋肉（大胸筋）、背中の筋肉（広背筋）という上半身の2つの大きな筋肉を伸ばすストレッチ。姿勢改善にもとても効果的。猫も大胸筋、広背筋が硬くなるので、本能的にこのポーズをよく行う

方法 四つん這いの状態から猫が伸びをするようなイメージでお尻を引き、両手を前に滑らせていく

Point なるべく上体を反って、胸を床にしっかりとくっつける

秒数 20~30秒

⑨⓪猫のねじりのポーズ

目的 胸椎の回旋が入るため、腹斜筋のストレッチがメインになる。胸が大きく開くので、硬くなりがちな大胸筋のストレッチにもなる。姿勢改善にも効果的

方法 四つん這いの体勢から、猫のポーズのようにお尻を引き、片方の腕を真横に出す。もう片方の腕を天井に向けて伸ばす

Point 胸をねじった方向にしっかりと向け、腕はまっすぐに

秒数 **10～20秒**

⑨①牛の顔のポーズ

目的 太ももの外側、太ももの内側、腕の裏側（上腕三頭筋）、背中を伸ばす。上半身、下半身を一度に伸ばせるストレッチ

方法 両ヒザを曲げて太ももが上下に交差するように組み、胸は張る。右ヒザが上にきた場合は右腕を上げ、ヒジを曲げて背中に回す。左腕は背中に送り、両手で握手をする。左右各20～30秒

Point この姿勢を保つのが大変。姿勢を維持するだけでも体幹のトレーニングになる

秒数 **20～30秒**

92 ラクダのポーズ

秒数 **10〜20**秒

目的 ゲームをやっている子どもには最適のストレッチ。首を含め、大胸筋、腹直筋など長時間のゲームなどで縮みやすくなる体の前側の筋肉を一度に伸ばす

方法 正座した状態から自分の足首を持って、腰を上げて体を後方に預ける。できない場合は、背中の下にソファーなどを置いてもよい

Point 難しい場合は上から体重を支えてあげるなど、親がこのかたちをつくるサポートをしてあげましょう

93 ひよこのポーズ

秒数 **10〜20**秒

目的 太ももの内側の筋肉（内転筋）のストレッチ

方法 足を大きく横に開き、しっかり胸を張って体の前で両手を合わせ、ヒジでヒザを外側に押す

Point 腰をしっかりと落とす

94 こうもりのポーズ

1

目的 太ももの内側の筋肉（内転筋）と後ろの筋肉（ハムストリング）のストレッチ。バランス能力も要求される。

方法 スタートでは人差し指と中指で親指をつまむ。そこから足を大きく横に開く

Point ヒザは伸ばし切る。伸び切らない人は、伸ばせる範囲でもOK。また、ハムストリングが硬い人はこのあとに紹介するタオルストレッチを先に行ってからでもよい

2

秒数 **10~20秒**

95 三日月のポーズ

目的 後ろ足の付け根（腸腰筋、大腿直筋、鼠径部）、腹直筋、大胸筋、広背筋などを一度に伸ばす。このポーズを取るだけで猫背改善に有効

方法 足を大きく前後に開き、両手を合わせて両腕を差し上げていく。ヒジはピタッと伸ばす。体を後ろに反らせて「三日月」のようなかたちをつくる。左右行うこと

Point 最初は無理をせず、できる範囲で

秒数 **20~30秒**

⑨⑥ 壮美のポーズ

目的	「三日月のポーズ」から、さらに太ももの前の筋肉（大腿直筋）も伸ばされる。バランストレーニングの要素もある
方法	片足立ちの状態から、軸足ではないほうの足首を持つ。バランスを保ちながら上半身を前に倒し、腕を前に伸ばす。顔は前に向ける。左右行うこと
Point	片足の状態を維持するのが難しい場合は壁などに手を置いて行ってもよい。親がサポートしてあげてもOK

秒数 **10〜20秒**

97 コブラ

秒数 20~30秒

目的	お腹（腹直筋）を中心に、体の前面の筋肉を伸ばす
方法	伏せた状態からヒジを伸ばし、上半身を起こしていく。腰（恥骨あたり）が浮くようならヒジを床につけた「ハーフコブラ」を
Point	肩をすくめない

腰が浮くようならこの「ハーフコブラ」を

98 タオル・ハムストリング（中央）

目的 太ももの裏側（ハムストリング）の主に中央部分を伸ばす。スタティックストレッチの一種である「AISストレッチ」と呼ばれる手法

方法 仰向けになり、ヒザを少し曲げた状態で片足にタオルをかける。体の方向にタオルを引いてヒザを伸ばして2秒キープ。この「緩める→タオルを引いて2秒キープ」を繰り返す。左右両方行う

Point 痛みの出ない範囲で

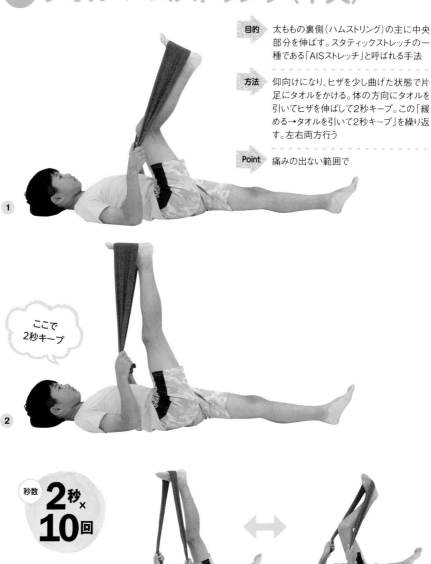

ここで
2秒キープ

秒数 2秒 × 10回

2秒キープしたらふたたび緩める。これを繰り返す

122

99 タオル・ハムストリング（外側）

目的　太ももの裏側（ハムストリング）の主に外側部分とお尻の横側の筋肉（中殿筋）を伸ばす

方法　仰向けになり片足にタオルをかける。足は少し横に出し、左手でタオルを持った場合は右足に引っかける。対角線上にタオルを引いて2秒キープ。この「緩める→タオルを引いて2秒キープ」を繰り返す

Point　痛みの出ない範囲で

秒数 **2**秒 × **10**回

100 タオル・ハムストリング（内側）

目的　太ももの裏側（ハムストリング）の主に内側部分と太ももの内側の筋肉（内転筋）を伸ばす

方法　仰向けになり片足にタオルをかける。右手でタオルを持った場合は右足に引っかける。体の外側に足が開くようにタオルを引いて2秒キープ。この「緩める→タオルを引いて2秒キープ」を繰り返す

Point　痛みの出ない範囲で

秒数 **2**秒 × **10**回

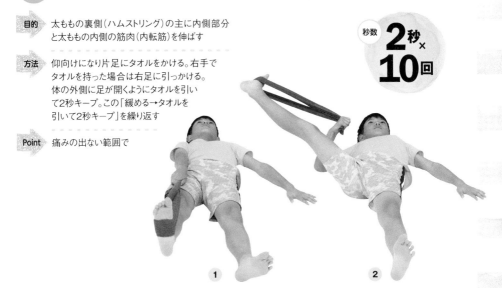

おわりに

Epilogue

　前作『姿勢がよくなる！小学生の体幹トレーニング』では、冒頭にて「正しい姿勢」のつくり方を紹介しました。猫背でも反り腰でもなく、背筋をピンと伸ばした姿勢がいわゆる「正しい姿勢」と呼ばれるものになりますが、本書ではトレーニングに入る前段階として「呼吸」を解説しています。姿勢だけではなく、哺乳類ならば自然とできるはずの「呼吸」の方法を解説しなければいけない時代になったのです。つまり、ちゃんと鼻で呼吸できる子どもが少なくなりつつあるということです。私たち現代人は、そんな時代に生きています。

　口でしか呼吸ができないと、体の中に十分な酸素が供給できなくなります。少ない酸素量で体を動かしていると疲れやすくなったり、集中が切れてしまったりします。

　しかし、そうした変なクセがつく前に、適切な運動で修正をかけておけば、そこから先の生活は変わってきます。とくに、小学生の低学年は「プレ・ゴールデンエイジ」、高学年は「ゴールデンエイジ」と呼ばれ、この時期に神経系の発達はほぼ完成されます。そのタイミングで正しい動作を身につけることは、その後のよりよい成長につながっていくのです。

また、運動不足は子どもだけではなく、親世代の大人にとっても深刻な社会問題となっています。運動不足と生活習慣病の因果関係は、もはや説明するまでもないでしょう。一方で、我々日本人の平均寿命は延び続けています。人生100年時代も現実味を帯びてきました。「老人」になってからも、人生はまだまだつづいていきます。

　そこで重要になってくるのが「健康的な体」です。何歳になってもちゃんと立てて、ちゃんと歩けて、ちゃんとかがめる体が必要になってきます。本書は小学生に向けたトレーニング書籍ではありますが、今の時代、「運動」は大人にとっても必要なものになっています。

　ここで紹介したエクササイズは、実際に弊社ジムでも実施されているものです。大人のトレーニングというと、ジムに通って重たいものをガシャガシャと持ち上げるイメージがありますが、道具を使わないエクササイズも立派なトレーニングです。本書で取り上げている種目は大人の方にも使っていただけるものばかりです。

指導者役のお父さん・お母さんも一緒にトレーニングをがんばっていただき、お子さんと一緒に運動不足を解消すれば、将来は被介護者となるリスクが減ることも期待できます。また、この本を機会にトレーニングに興味を持っていただけたのなら、おうち時間を利用して本格的にトレーナーの勉強をしてみるのもいいかもしれません。そこで得た知識と経験をもとにお父さん・お母さんのお父さん・お母さん、つまりおじいちゃん・おばあちゃんがいつまでも健康でいられるよう、一つの親孝行としてぜひトレーニングを指導してあげてください。

　「健康な体」の需要は、これからますます高くなっていくはずです。本書を通してより多くの人にトレーニングの恩恵を受けていただけると、トレーナーとしてこれほどうれしいことはありません。

PROFILE

著者 澤木 一貴

さわき・かずたか／SAWAKI GYMパーソナルトレーナー、株式会社SAWAKI GYM代表取締役。1991年よりフィットネストレーナーとして活動を開始。現在はパーソナルトレーナーとして一般層からアスリート、バレリーナ、格闘家まで幅広い層にパーソナルトレーニングを実施する傍ら、パーソナルトレーナー養成講座の講師としても活動中。また、メディアや講演会を通じて広く健康情報を発信する。

MODEL

末崎雄河(左)
JKFA公認クラブ　グリーンHOP所属
山田紗綺(右)
JKFA公認クラブ　FFCLUB田園調布所属

パーソナルトレーニングスタジオ「SAWAKI GYM」は「早稲田本店」「高田馬場店」「沖縄北谷店」を展開。詳しくはSAWAKI GYMホームページ(https://sg-personal.com/)を参照してください。小学生の体幹トレーニング指導、講演会のご依頼は(株)SAWAKI GYMまでメールでお気軽にお問い合わせください。
info@sawakigym.com

また、運動指導者、及び運動指導者になりたい人、運動が好きな人のための学びの場として「SAWAKI GYM ACADEMY(サワキジムアカデミー)」を運営しています。セミナー・ワークショップ・資格認定講座などを提供しています。初めての方でも安心してご受講いただけます。
https://sg-academy.net/

デザイン
田中ミカ(ギール・プロ)　石川志摩子
スチール撮影
馬場高志
イラスト
よしだゆうこ
編集
藤本かずまさ(株式会社プッシュアップ)
朝岡秀樹(編集スタジオとのさまがえる)
撮影協力
一般社団法人こどもフィットネス協会
動画撮影・編集
ジャパンライム株式会社
写真提供
ゲッティーイメージズ

動画（QRコード）でよくわかる！
動きがよくなる

小学生の体幹ハイパートレーニング

2021年3月31日　第1版第1刷発行

著　者　澤木一貴
発行人　池田哲雄
発行所　株式会社ベースボール・マガジン社
　　　　〒103-8482
　　　　東京都中央区日本橋浜町2-61-9 TIE浜町ビル
　　　　電話 03-5643-3930（販売部）
　　　　　　　03-5643-3885（出版部）
　　　　振替 00180-6-46620
　　　　http://www.bbm-japan.com/
印刷・製本　大日本印刷株式会社
©Kazutaka Sawaki 2021
Printed in Japan
ISBN978-4-583-11338-8 C2075